대한민국 체제전쟁
우상과 이성

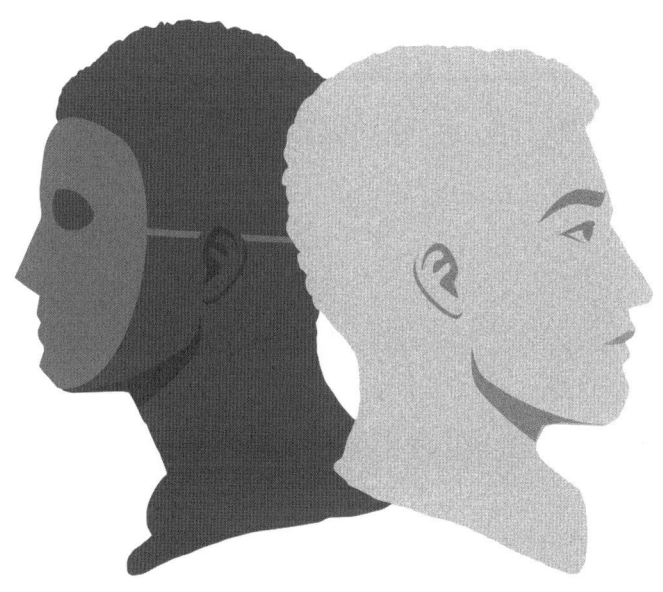

대한민국 보수, 자유우파의 바이블

자유샘

대한민국 체제전쟁
우상과 이성
대한민국 체제전쟁은 우상과 이성의 싸움

우상은 허상이다. 진실을 가장한 언어이며,
이념을 신격화한 감성이다.
'진보'는 그 우상 위에 그럴듯한 구호와 선동의 말을 쌓고,
평등과 정의의 이름으로 자유를 억눌러왔다.

이성은 허상을 꿰뚫는 힘이다. 철학이며 원칙이고,
책임이며 자유를 향한 자율의 정신이다.
'보수'는 그 이성 위에 공동체의 질서를 세우고,
말이 아니라 실천으로 자유를 지켜왔다.

이 책은, 우상의 시대를 끝내고 이성으로 자유를
다시 세우기 위한 기록이다.

대한민국 체제전쟁
우상과 이성

1판 1쇄 2025년 4월 20일
       2쇄 2025년 5월 16일

지은이 | 김채환
발행인 | 진향란
기　획 | 김태원
펴낸곳 | 자유샘
출판등록 | 2025년 4월 1일 제2025-000029호
주　소 | 08708 서울특별시 관악구 보라매로 5가길 7, 캐릭터그린빌
전　화 | 010-5906-8914(문자전용)
이메일 | lecforum@gmail.com
유튜브 | 김채환의 시사이다 www.youtube.com/@sisa

ⓒ김채환, 2025
ISBN 979-11-992297-0-9(00300)
이 책의 판권은 지은이와 자유샘에 있습니다.
동의 없는 무단 전재 및 복제를 금합니다.

추천사

『대한민국 체제전쟁 – 우상과 이성』이 책은 지금 대한민국이 어떤 전선 위에 서 있는지를 냉정하면서도 단단한 문장으로 보여줍니다.

우리 사회는 오랫동안, 왜곡된 정의와 평등이라는 이름 아래 체제 자체를 흔들려는 시도들을 겪어왔습니다. 그 속에서 우리는 자유민주주의라는 헌법적 가치를 놓칠 뻔한 순간들을 수없이 지나왔습니다.

국가는 말로만 지켜지지 않습니다. 국민의 눈물과 피와 땀, 그리고 무엇보다 자유를 지키겠다는 책임의식이 있어야 지켜집니다.

그 책임은 한 사람의 결단으로 완성되지 않습니다. 공동체의 구성원 모두가 '자유에 따르는 책임'을 인식하고 실천할 때, 비로소 자유는 지속될 수 있습니다.

이 책은 단지 보수만을 이야기하지 않습니다. 자유를 지키고자 하는 사람들, 공동체를 먼저 생각하는 사람들, 그들이 어떻게 국가를 세웠는지, 무엇으로 이 나라를 지켜왔는지, 지금 무너지려 하고 있는 것이 무엇인지, 그리고 그것을 어떻게 지켜내야 하는지를 말하고 있습니다.

자유는 인간이 가진 가장 고귀한 권리이자, 존엄의 기초입니다. 그 자유는 누군가가 책임지고 지켜왔기에 오늘의 대한민국이 존재합니다. 그리고 앞으로도 그 자유의 횃불은 책임 있는 손에 들려, 미래 세대로 이어져야 합니다.

지난 겨울, 자유와 주권이 위협받던 순간 수많은 국민과 청년들이 한자리에 모였습니다. 그들은 침묵하지 않았습니다. 책임 있는 행동으로 대한민국의 정신이 살아 있음을 증명해냈습니다. 이 책이 강조하고 있는 것도 바로 그 지점입니다.

저자 김채환 원장은 국가공무원인재개발원장으로서 공직자들에게 국정철학과 자유민주주의 체제의 가치를 전해왔습니다. 공직사회의 교육을 책임지는 자리에 있었기에, 제가 강조해온 국가관과 자유의 철학을 누구보다 깊이 이해하고, 그 정신을 국민과 미래 세대에 어떻게 전달할 것인가를 묵직하게 고민해 온 분입니다.

그는 이 책을 통해, 대한민국이 지켜야 할 자유의 원칙, 그리고 그 자유를 어떻게 책임 있게 계승할 것인가에 대한 분명하고도 단단한 제안을 내놓고 있습니다.

자유는 책임입니다. 국가는 실천으로 지켜지는 공동체입니다. 이 책은 자유를 지키고자 하는 사람들, 국가와 공동체를 지키겠다는 보수의 의지, 그리고 그 의지를 현실로 만들어갈 청년들에게 무엇을 선택하고 어떻게 행동해야 하는지를 분명히 말합니다.

특히 지금의 2030세대와 자유를 소중히 여기는 국민들에게, 이 책은 반드시 읽어야 할 '국민 지침서'이며, 자유대한민국을 지켜갈 방향을 보여주는 '나침반'입니다.

자유는 결코 그냥 주어지지 않습니다. 책임 없는 자유는 오래 지속될 수 없습니다. 지금 우리가 가진 자유는 책임을 지겠다는 이들의 헌신 위에 세워졌고, 앞으로도 그러해야만 합니다.

『대한민국 체제전쟁 - 우상과 이성』은 그 정신을 공유하고 실천하려는 국민들과 청년들에게, 윤석열 정부가 지켜온 철학과 방향을 정확하게 이해하는 데 반드시 필요한 '**지침서**'입니다.

지금 대한민국은 여러 도전 앞에 서 있습니다. 그러나 이 나라에는 자유를 지키겠다는 국민이 있고, 그 자유를 지탱하는 공동체의 힘이 살아 있습니다.

그 정신을 함께 지켜가는 모든 분들께 깊은 감사와 존경을 드립니다.

2025년 4월 28일
대한민국 제20대 대통령
윤 석 열

머리말

우상의 시대를 넘어, 이성의 이름으로 다시 말하다

『대한민국 체제전쟁 - 우상과 이성』
이 책은 지금 우리 사회가 당면한 갈등의 본질을 정면으로 응시하고 있다. 그것은 단순한 이념 대립도, 정당 간의 권력 다툼도 아니다.

이 시대 대한민국이 직면한 가장 근본적인 도전은, 체제의 방향을 결정짓는 선택의 문제이다. 지금 우리는 자유민주주의를 지킬 것인가, 아니면 전체주의를 추구하는 자들에게 자유를 빼앗길 것인가의 갈림길에 서 있다.

한쪽은 '진보'라는 이름 아래 정의와 평등, 민주와 인권이라는 말들로 사회적 도덕성을 선점해 왔다. 하지만 그 말들은 어느 순간부터 현실을 설명하는 수단이 아니라, 현실을 가리는 가면이 되었고, 상식을 왜곡하는 수단이 되었다.

그들은 '정의'를 외쳤지만, 언제나 자기 진영의 이익에만 민감했다. '민주'를 말하면서, 절차적 정당성을 무시하고 법치를 흔들었다. '역사 바로 세우기'를 주장하면서, 대한민국의 건국을 부정하고 자유의 투쟁을 폄하했다.

결국 그들이 만들어낸 것은, 언어로 만들어진 거대한 '우상'이었다. 그 우상은 현실을 가렸고, 국민을 선동했으며, 자유의 뿌리를 위협했다.

반면 보수는 조용히 공동체를 지켜왔다. 보수는 화려한 언변보다, 무너져서는 안 될 가치에 주목해 왔다. 공동체의 기억을 지키고, 헌법의 질서를 존중하며, 자유를 책임과 함께 실현하는 삶의 태도. '보수'는 하나의 정치적 입장을 넘어, 문명을 지속시키는 실용적 철학이다.

이 책은 바로 그 철학의 복원을 위한 시도이다. '진보'라는 이름 아래 감추어진 위선의 구조를 파헤치고, 그 속에 가려져 있던 보수의 진짜 얼굴 ― 책임, 절제, 질서, 자유 ― 를 이성의 언어로 다시 세우고자 했다.

특히 최근 몇 년간 대한민국은 매우 심각한 체제적 흔들림을 겪어왔다. 국가기관의 기능은 반복적인 탄핵과 예산 삭감으로 마비되었고, 안보와 외교, 교육과 사법 등 거의 모든 분야에서 체계가 무너지는 경험을 했다. 그 속에서 국민은 서서히 깨닫게 되었다. 이것은 정권의 문제가 아니라, 체제의 문제라는 것을.

가장 인상적인 변화는, 놀랍게도 젊은 세대에서 시작되었다. 그동안 정치에 무관심하거나 좌파의 언어에 길들여졌던 '2030세대'가 이제 스스로 묻기 시작했다. '진짜 자유란 무엇인가?', '누가 거짓된 정의를 외치는가?' 그들은 스스로 공부하고, 질문하며, 진실과 거짓을 가르는 이 시대의 주역으로 서기 시작했다.

그리고 2025년 3월 1일, 대한민국의 광장은 다시 뜨겁게 살아났다. 수백만 명의 국민이 거리로 나왔고, 주최 측 추산 600만 명을 넘는 인파가 전국을 뒤덮었다. 그 광장의 중심에는 다름 아닌 새로운 세대—이제 막 각성한 자유의 세대, 이 시대의 진짜 젊은 보수가 우뚝 서 있었다.

그날은 단지 또 한 번의 집회가 아니었다. 그날은 대한민국이 진실을 되찾고자 선언한 날이었다. '진보'라는 이름의 허상을 넘어서, 이제는 '자유'라는 본질을 다시 붙잡겠다는 국민의 외침이었고, **'우상'**이 지배하던 시대를 끝내고, **'이성'**의 언어로 다시 말하겠다는 새로운 시대의 선택이었다.

윤석열 대통령의 파면은 오랫동안 보수 국민들의 가슴에 난 상처를 아물게 하지 못할 것이다. 그러나 그의 퇴장은 결코 끝이 아니다. 오히려 그것은 시작이었다. 그가 시작한 체제전쟁은 이 나라의 보수, 특히 2030 젊은 세대에게 체제의 소중함과 자유를 지켜야 한다는 책무를 깊이 각성하게 한 계기가 되었다. 그리고 그 각성은, 대한민국을 다시 세울 뜨거운 불씨가 될 것이다.

역사는 언제나 젊은 각성에서부터 다시 쓰이기 시작한다. 이제 그 날의 함성과 함께, 우리는 새로운 자유의 시대를 써 내려가야 한다. '우상'이 무너진 자리에 '이성'이 세워질 수 있도록, 침묵하던 다수가 일어나 새로운 '보수'의 이름으로 대한민국을 다시 일으켜야 할 시간이다.

이 책은 그 목소리를 기록하기 위해 쓰였다. '진보'라는 이름의 허상을 넘어서, '보수'가 어떤 철학과 논리로 이 나라를 다시 건강하게 세울 수 있는지를 증명하고자 한 것이다.

저자는 이 격동의 시대 한복판에서 '보수'라는 단어가 왜 부끄러움이 아니라 자부심이 되어야 하는지를 알리고자 했다. '자유'는 누구에게나 주어지는 권리가 아니라, 누군가의 책임과 헌신 위에서만 유지될 수 있는 가치이다. 그 헌신을 감당해온 세력이 바로 진짜 보수였다.

이 책은 '가짜 진보'의 허구를 밝히고, '진짜 보수'의 아름다움을 드러낸다. 진보는 체제를 해체하려 했고, 보수는 체제를 지켜야 한다고 믿었다. 진보는 말로 약자를 위한다고 했고, 보수는 실제로 약자와 함께 서서 그들의 자립을 도왔다. 진보는 혼란 속에 미래를 말했고, 보수는 질서 속에서 미래를 준비했다.

『대한민국 체제전쟁 – 우상과 이성』은 좌파가 만든 허상에 맞서, 보수가 왜 이 나라의 유일한 희망인지 말하고자 했다. 자유는 누군가의 희생 없이는 결코 지켜지지 않는다. 이제는 우리가, 보수가, 그 희생을 감당할 시간이다.

이 책이 그 싸움의 시작이자, 다음 세대를 위한 약속이 되기를 바란다.

2025년 4월 15일
김채환

차 례

제1장 보수란 무엇인가: 흔들리는 시대에 중심을 세우다

- 1.1 보수의 본질: '지킨다'는 말의 무게   19
- 1.2 세계 보수주의의 계보와 철학   25
- 1.3 자유·책임·전통의 가치를 말하다   34
- 1.4 한국 사회에서 보수가 왜곡된 이유   39
- 1.5 보수와 극우는 다르다: 오해와 진실   44
- 1.6 대한민국 보수가 꿈꾸는 미래   50

제2장 가짜 진보의 탄생: 좌파는 어떻게 변질되었는가

- 2.1 대한민국 좌파의 기원: 운동권 세대의 이념 뿌리   57
- 2.2 진보라는 이름의 독점: 정의를 가장한 위선   66
- 2.3 민주화 이후의 권력 탐욕: 변질된 진보 엘리트   73
- 2.4 보수를 타락이라 부르고, 종북을 평화라 부르다   77
- 2.5 좌파의 문화장악 전략: 언론·교육·법조를 삼키다   81
- 2.6 왜 진보는 자기반성이 없는가: 도덕의 독점이 낳은 불감증   87

대한민국 체제전쟁
우상과 이성

제3장 **진보의 허상:**
대한민국 좌파는 왜 변하지 않는가

- 3.1 복지냐 포퓰리즘이냐: 진보정책의 실패   95
- 3.2 종북의 망령: 왜 진보는 북한에 약한가   100
- 3.3 자유를 잃은 평등은 정의가 아니다   106
- 3.4 진보정권 하의 민생 파괴와 시장의 붕괴   111
- 3.5 전 세계가 경계하는 좌파, 왜 한국만 환영하나   116
- 3.6 진보의 가면을 벗기다: 비상계엄과 자유우파의 각성   120

제4장 **체제전쟁의 시대:**
대한민국은 살아남을 수 있는가

- 4.1 북핵은 현실이다: 한반도는 전시 상황인가   129
- 4.2 북한 체제와의 근본적 대립: 자유 대 전체주의   134
- 4.3 남한과 북한: 두 체제의 극명한 차이는 왜?   138
- 4.4 내부의 적: 종북세력과의 사상전   143
- 4.5 중국의 침투: 경제·정치·언론을 삼키는 손   147
- 4.6 총성 없는 전쟁: 대한민국 침공 시나리오   156
- 4.7 조용한 침공, 무너지는 정신: 161
  우리는 무엇을 지켜야 하는가

차례

제5장 **다시 자유의 편에 서다:**
한미동맹, 한일관계, 그리고 동아시아의 재편

- 5.1 한미동맹은 선택이 아닌 생존   169
- 5.2 미·중 전략경쟁 속 한국의 좌표   175
- 5.3 한일관계는 왜 회복되어야 하는가   179
- 5.4 중국몽인가, 자유세계인가   186
- 5.5 보수의 시선으로 본 동아시아 신질서   190
- 5.6 대한민국 외교: 어떤 길을 가야 하는가   194

제6장 **왜 다시 보수인가:**
위기의 시대, 책임의 리더십

- 6.1 위기마다 나라를 지킨 건 보수   203
- 6.2 말이 아닌 정책으로 증명하다: 경제·안보·교육의 성과   210
- 6.3 책임의 리더십: 보수는 어떻게 위기를 돌파하는가   214
- 6.4 좌파 포퓰리즘의 파국에서 길을 찾다   219
- 6.5 다음 보수정부가 해야 할 국가개조 프로젝트   223

대한민국 체제전쟁
우상과 이성

제7장   보수가 지켜야 할 7대 가치:
자유대한민국의 영속을 위한 대원칙

- 7.1 자유민주주의: 보수의 책임을 말하다 — 231
- 7.2 자유시장경제: 성장과 복지를 함께 이루는 길 — 234
- 7.3 법치주의: 예측가능한 정의의 힘 — 239
- 7.4 공정과 정의: 특권 없는 기회의 사회 — 244
- 7.5 안보와 국방: 평화는 힘으로 지켜야 한다 — 247
- 7.6 전통과 가족: 사회의 뿌리를 지키는 가치 — 252
- 7.7 애국심과 국가 정체성: 우리는 누구인가 — 256

프롤로그

우리는 왜 다시 보수를 말해야 하는가

그날, 대한민국은 조용히 멈춰 섰다.

대통령의 결단 앞에서 우리는 숨을 고르고, 국가가 지켜야 할 마지막 선이 무엇인지를 다시 생각하게 되었다. 평온해 보이던 일상은 한순간에 멈춰졌고, 각자의 마음속에 묻어두었던 질문이 고개를 들었다. 이 나라는 지금 어디에 서 있는가. 우리는 정말, 자유민주주의 국가에 살고 있는가.

2024년 12월 3일, 윤석열 대통령은 대한민국 헌정사에 전례 없는 중대한 결단을 내렸다. 국회를 장악한 좌파 다수의 입법독재, 대통령과 정권의 정통성을 부정하는 정치적 선동, 그리고 헌법 자체를 해체하려는 체제 전복의 위협 앞에서, 대통령은 마침내 입을 열었다. "자유민주주의를 해체하려는 반국가 세력과는 타협하지 않겠다." 그것은 단순한 정치적 성명도, 임기 중의 위기 관리도 아니었다. 그것은 한 국가가, 한 시대가, 스스로에게 묻는 근본적 질문에 대한 응답이었다.

국가공무원인재개발원에 있는 박정희 대통령 친필 휘호석

이 책은 단지 이념의 선언문도 아니고, 보수에 대한 자기찬양도 아니다. 이 책은 **'대한민국 체제전쟁'의 실체와 본질을 드러내고, 우리가 무엇을 지켜야 하는지를 묻는 기록이다.** 좌파는 '민주'와 '정의'의 이름으로 대한민국의 뿌리를 흔들어왔다. 그들은 헌법을 상대화하고, 안보를 조롱하며, 시장경제를 혐오하고, 가족과 전통을 구시대의 잔재로 몰아붙였다. 심지어 그들은 대한민국이라는 나라 자체를 부끄러운 존재로 만들려 했다. 좌파가 던진 담론의 프레임 속에서 '보수'는 '극우'가 되었고, '국가'는 '억압의 상징'이 되었으며, '애국심'은 '시대착오의 감성'이 되었다.

그러나 이제 우리는 묻지 않을 수 없다.
대한민국이 지켜야 할 중심은 무엇인가?
우리는 누구이며, 어디로 가야 하는가?

이 책은 그 물음에 응답하는 자유우파 보수의 목소리이다. 무너진 정의와 법치, 희미해진 자유, 조롱당한 애국심, 왜곡된 역사 앞에서 보수는 다시 말해야 한다. 보수는 단지 과거를 지키는 세력이 **아니라, 자유라는 문명을 이끌어가는 시대의 책임자다.** 우리가 이 책임을 내려놓는 순간, 대한민국은 그 본질을 잃는다. 그러나 우리가 그 책임을 다시 자각한다면, 이 나라는 다시 일어설 수 있다. 이 책은 그 자각의 기록이다.

대한민국 체제전쟁, 그 '우상'과 '이성'의 싸움 한가운데에서
우리가 지켜야 할 것들을 다시 써 내려간,
자유를 위한 단단한 약속이다.

제1장

보수란 무엇인가

흔들리는 시대에 중심을 세우다

지킨다는
말의 무게

보수는 단지 과거를 고수하는 태도가 아니다. 그것은 시간의 검증을 거친 가치들을 지키려는 신념이며, 혼란한 시대에도 무너지지 않는 중심을 세우는 힘이다. 자유와 책임, 전통과 질서를 바탕으로 사람을 사람답게 하고, 공동체를 지탱하는 이 정신은 대한민국을 자유민주주의 국가로 세운 뿌리였다.

하지만 오랜 세월, 보수는 '수구', '기득권', '극우'라는 말들 속에 왜곡되어 왔고, 진짜 보수의 얼굴은 가려졌다. 이 장은 보수가 지켜온 것과 지켜야 할 것이 무엇인지, 그리고 왜 지금 다시 보수를 말해야 하는지를 정리하는 출발점이다. 지키는 것은 멈춤이 아니라, 바르게 나아가기 위한 가장 단단한 힘이다.

제1장

1.1 보수의 본질: '지킨다'는 말의 무게

보수란 무엇인가. 이 질문은 정치적 선택의 문제가 아니라, 존재의 질문이자 책임의 질문이다. 흔히 '보수'라는 말은 무겁고 낡은 느낌을 준다. 변화에 저항하고 과거에 머물며 기득권을 수호하는, 시대정신에 뒤처진 세력이라는 이미지가 그것이다. 그러나 그것은 보수를 이해하지 못한 사람들의 시선일 뿐이다. 진짜 보수는 무엇인가를 지키는 사람들이다. 그리고 그들이 지키려는 것은 결코 권력이나 지위가 아니다. 그것은 바로 자유이고, 질서이며, 책임과 전통이고, 무엇보다도 공동체의 존엄과 미래다.

지금 대한민국이 직면한 현실은 단순한 정책 노선의 충돌이 아니다. 그것은 '전체주의로의 회귀를 꾀하는 좌파의 우상화된 언어'와, '자유민주주의 질서를 지키려는 보수의 이성적 철학' 사이의 본질적인 체제전쟁이다. 좌파는 감정의 언어를 포장하여 선동의 도구로 만들고, 허상 위에 가짜 정의를 쌓아 진실을 왜곡해왔다. 반면 보수는 선동 대신 이성을, 허상 대신 실천을, 감정 대신 책임을 주장해왔다. 바로 이러한 철학의 차이가 오늘날 대한민국을 갈라놓고 있는 것이다.

대한민국은 자유민주주의라는 제도 위에 세워졌고, 자유시장 경제와 법치주의, 국민주권의 가치를 바탕으로 지난 반세기 넘는 시간 동안 기적적인 발전을 이루어냈다. 이것은 자연스럽게 주어진 것이 아니라 수많은 국민의 피와 땀, 그리고 희생 위에 쌓인 결과다. 자유우파, 곧 대한민국의 보수는 이 체제를 지켜내기 위해 존재한다. 우리가 지키는 것은 단순한 이념이 아니라 이 나라의 정체성, 그리고 국민 한 사람 한 사람의 삶이 기댈 수 있는 질서 그 자체다.

하지만 지금, 이 체제가 흔들리고 있다. 현재의 좌파 정치세력은 더 이상 단순한 정책적 대립선상에 있는 존재가 아니다. 이들은 형식은 민주주의를 말하면서, 내용은 통제와 억압으로 가득 찬, 중국 공산당식 전체주의 체제를 대한민국에 이식하려는 시도를 끊임없이 반복하고 있다. 표현의 자유는 '가짜뉴스'라는 이름으로 검열되고, 사법부는 '검찰 개혁'이라는 명분 아래 길들여지며, 언론은 방송 장악과 정파적 프레임에 갇혀버렸다. 다수 의석을 가진 국회는 국민 여론을 무시한 채 입법 폭주를 일삼고, 정권 비판은 혐오로, 반대 목소리는 반민주로 낙인찍힌다. 이런 모습은 자유민주주의가 아니라, 전체주의의 전조이며, 공산당 일당 독재 국가에서나 볼 수 있는 현상이다.

좌파는 체제에 도전하면서도 '진보'라는 이름 아래 그 도전을 미화했고, 자신들의 이상을 신성시하며 반대의 언어를 악마화해왔다. 이성 대신 감정, 질서 대신 선동, 진실 대신 우상이 자리잡게 되면 체제는 무너지고, 그 피해는 가장 약한 이들에게 돌아간다. '우상'은 언어의 껍질을 빌려 진실을 가리고, '이성'은 감정을 이겨내어 실천으로 나아가게 한다. 지금 대한민국은 바로 그 '우상과 이성' 사이에서 방향을 선택해야 하는 기로에 서 있다.

이런 시대일수록 보수가 제자리에 서야 한다. 누군가는 지켜야 나라가 유지된다. 보수는 지킨다. 자유를 지키고, 헌법 가치를 지키며, 시대를 뛰어넘어 쌓아온 공동체의 전통과 질서를 지킨다. 그러나 이 지킴은 소극적 보존이 아니라 적극적 방어이며, 동시에 미래를 위한 설계다. 흔히 보수를 변화에 뒤처지는 세력으로 보지만, 오히려 진정한 보수는 변화를 책임 있게 수용하고 그것이 무너지지 않도록 견고한 기반을 다지는 역할을 한다. 자유우파는 '지속 가능한 변화'를 가능케 하는 유일한 토대이자, 혼란과 선동, 무질서로부터 사회를 구해내는 안전망이다.

대한민국의 보수는 위기의 순간마다 이 나라를 지켜냈다. 6·25 전쟁 이후 폐허 위에서 자유시장경제의 기적을 만들어낸 것은 바로 이승만 대통령의 자유민주주의 체제 선택과 한미동맹 체결이라는 역사적 결단이었다. 이후 박정희 대통령은 산업화의 길을 열어가며 자립적 경제성장의 기반을 구축했고,

강력한 국가 운영과 전략적 통치로 대한민국을 빈곤에서 성장의 궤도로 이끌었다. 불안정한 좌파정권이 국가를 흔들 때마다, 보수는 언제나 구조적 해법과 실용적 리더십으로 국정을 안정시켜왔다. 전두환 정부는 혼란한 정치 상황 속에서도 물가안정과 경제개발을 추진하며 위기를 넘겼고, 윤석열 대통령은 좌파의 의회 독주와 체제 전복 시도에 맞서 헌법질서를 지키려 한 결연한 의지를 보여주었다. 보수는 이상을 떠벌리지 않는다. 보수는 언제나 이상향보다는 지속 가능한 질서를 먼저 생각한다. 그것이 공동체를 지키는 가장 현실적이고 책임 있는 길이기 때문이다.

지킨다는 것은 또한 가장 약한 사람을 위한 책임이기도 하다. 대한민국 보수가 '기득권의 대변자'라는 오해는 좌파 진영이 언론과 교육, 문화 전반에서 구축한 프레임이다. 그러나 진짜 보수는 약자를 외면하지 않는다. 약자를 권력에 의존하도록 만드는 것이 아니라, 약자 스스로 일어설 수 있도록 돕는 것이다. 자유와 책임을 바탕으로 기회의 평등을 보장하고, 시장과 공동체 안에서 자립할 수 있는 환경을 마련해 주는 것이야말로 진정한 약자 보호다.

이런 의미에서 윤석열 대통령이 내세운 '약자와의 동행'은 단지 정치적 수사나 선거용 구호가 아니었다. 그것은 보수정치가 가야 할 방향이며, 자유우파가 실현해야 할 실천적 과제였다. 국가는 모든 것을 해결할 수 없다. 그러나 국가는 방향을 제시하고, 공정한 기회를 보장하며, 공동체의 질서를 수호해야

할 책무가 있다. 윤 대통령의 국정철학은 '국가가 할 일과 하지 말아야 할 일의 경계'를 분명히 하면서도, 소외된 국민들에게는 따뜻한 손을 내밀었다. 이는 '따뜻한 보수'가 현실 정치에서 어떻게 구현되어야 하는지를 보여주는 중요한 사례였다.

그 국정철학은 이제 제도권의 언어가 아니다. 그러나 시대를 건너 살아남은 정신은, 언젠가 다시 시대를 움직이는 원칙이 된다. 윤 대통령이 직면했던 시련과 끝내 마주한 정치적 결말은, 자유를 지키고자 했던 지도자의 고독한 책임이었다. 그가 지키고자 했던 질서와 공동체의 가치는, 이제 자유우파가 계승해야 할 유산으로 남아 있다. 정치의 표면은 사라져도, 지키려 했던 철학은 사라지지 않는다. 오히려 시대의 시련은 그 정신을 더욱 선명하게 떠올리게 한다.

당시 윤석열 정부는 거대 야당의 의회 독재에 가까운 장악력 아래에서 국정운영에 심각한 제약을 받았다. 민주당은 다수 의석을 무기로 삼아, 대통령의 인사권을 무력화하고, 주요 법안을 봉쇄하며, 심지어 국가 예산과 안보정책마저 정쟁의 도구로 삼았다. 이러한 현실은 '다수의 이름을 가장한 독재'의 전형이며, 자유민주주의에 대한 심각한 위협이었다. 그 시기 자유우파는 더욱 뚜렷한 철학과 방향성을 가지고 국민을 설득해야 했고, 이제 그 책임은 더욱 무겁게 우리에게 남겨져 있다.

보수는 과거에 집착하지 않는다. 오히려 다음 세대를 위해 오늘을 책임지는 사람들이다. 보수는 멈춘 자들이 아니라, 흔들리지 않고 앞으로 나아가는 자들이다. 지킨다는 것은 곧 준비한다는 뜻이다. 무엇이 무너지더라도 끝까지 붙들고 있어야 할 것이 있다면, 그 역할을 외면하지 않는 것. 그것이 바로 보수다. 지키는 이들이 있었기에 지금의 자유가 가능했고, 앞으로도 지키는 이들이 있어야 대한민국이 지속될 수 있다.

우리 사회는 지금 물음 앞에 서 있다. 자유인가, 통제인가. 책임인가, 권력의 남용인가. 다양성인가, 획일화인가. 이 질문에 대해 보수는 언제나 자유와 책임, 질서와 공동체의 편에 서야 한다. 그것이 비록 인기 없는 길일지라도, 그것이 바로 이 나라의 중심을 세우는 길이며, 보수가 존재하는 이유다.

1.2 세계 보수주의의 계보와 철학

보수주의는 결코 시대에 뒤떨어진 정치 이념이 아니다. 그것은 인류가 혼란과 격변을 겪으면서도 공동체를 지켜내기 위해 축적해온 가장 현실적이고 강인한 정치 철학이다. 수천 년에 걸친 문명의 역사 속에서 보수는 언제나 중심을 잡아주는 뿌리였고, 질서를 무너뜨리는 혁명의 광풍 앞에서 인간과 공동체의 존엄을 지켜온 방파제였다. 세계 곳곳의 정치사 속에서 보수주의는 다양한 이름과 형태로 발전해왔지만, 그 핵심에는 변화를 무조건 반대하는 태도가 아닌, 지켜야 할 것을 지키려는 의지가 일관되게 흐르고 있다.

보수주의의 철학적 출발점을 이야기할 때, 우리는 영국의 정치가이자 사상가인 에드먼드 버크(Edmund Burke)를 빼놓을 수 없다. 그는 18세기 프랑스 대혁명을 보며 그 '이성에 대한 맹신'과 '급진적 평등'이 결국 사회의 파괴로 이어질 것이라고 경고했다. 여기서 말하는 '이성'은 인간이 과거의 전통과 관습을 무시한 채, 순수한 논리와 이론만으로 사회를 재설계할 수 있다고 믿는 계몽주의적 오만을 뜻했다. 버크는 그러한 이성이야말로 오히려 사회를 우상화된 이념의 도구로 전락시킨다고 보았다. 이 점에서 그의 사상은 오늘날 좌파 진영이 보여주는 급진적 이념주의, 특히 현실을 무시한 추상적 평등 담론이나 이상주의적 국가개조 주장에 대한 예리한 경고로 되살아난다.

따라서 이 책의 제목이 내포한 '우상과 이성'이라는 구도 속에서, 버크가 비판한 것은 '이성 그 자체'가 아니라, 이성을 신격화하여 인간의 역사와 공동체의 지혜를 무시하는 '이성주의적 우상'이었다. 반대로 버크는 경험과 전통, 그리고 공동체 안에서 천천히 진화해 온 제도와 가치야말로 인간 사회를 이끄는 진정한 '이성'이라고 여겼다. 이처럼 버크가 말한 '겸손한 이성'은 바로 오늘날 자유우파 보수주의가 지향하는 핵심 가치와도 맞닿아 있다.

버크는 혁명의 혼란보다 불완전한 질서를 택해야 한다고 주장했으며, 역사 속에서 자연스럽게 형성된 제도와 전통, 그리고 점진적 개혁을 통한 발전을 강조했다. 그는 인간의 이성이 모든 것을 재단할 수 있다는 계몽주의의 오만함을 비판하며, 경험과 공동체의 지혜가 담긴 제도야말로 사회를 지탱하는 기둥이라고 믿었다.

버크의 철학은 단순히 영국 정치사에 머무르지 않았다. 그의 사상은 이후 미국과 유럽 전역의 보수주의자들에게 지대한 영향을 끼쳤다. 미국의 경우, 건국 초기부터 '보수'라는 말은 명확히 쓰이지 않았지만, 연방주의자들과 자유를 중심에 둔 헌법주의자들은 본질적으로 보수적 정신을 지니고 있었다. 특히 제임스 매디슨과 알렉산더 해밀턴은 군중의 충동에 의존하지 않고, 체제와 제도의 견고함을 통해 자유를 지켜내야 한다고 보았다. 이들이 강조한 권력 분립, 법치, 공화정 정신은 오늘날까지도 미국 보수주의의 근간이 되고 있다.

이러한 전통은 20세기에 이르러 더욱 구체적이고 체계적인 철학으로 발전했다. 미국의 보수주의자 러셀 커크(Russell Kirk)는 그의 명저 『보수의 정신(The Conservative Mind)』에서 보수주의의 원칙을 다음과 같이 정리했다.

그는 인간 본성의 불완전성을 인정하고, 자발적으로 형성된 제도와 관습을 존중하며, 재산권과 자율적 공동체를 중시하고, 급진적 변화보다는 점진적 개선을 선호하는 태도가 진정한 보수라고 했다. 이 같은 철학은 '과거로 돌아가자'는 외침이 아니라, 미래를 위해 반드시 지켜야 할 질서가 존재한다는 신념이다.

경제 영역에서도 보수주의는 자유의 가치를 가장 강하게 옹호해왔다. 오스트리아 출신의 경제학자 프리드리히 하이에크(Friedrich Hayek)는 『노예의 길』에서 국가가 과도하게 시장에 개입하고 계획경제를 추진할 경우, 결국 개인의 자유는 무너지고, 사회는 전체주의로 향할 수밖에 없다고 경고했다. 그의 사상은 오늘날 보수주의가 '자유시장경제'를 핵심 가치로 여기는 철학적 기반이 되었다. 하이에크는 단호히 말한다. "인간의 자유를 지키는 유일한 방법은, 국가의 힘이 개인의 삶 깊숙이 들어오지 못하도록 하는 것이다." 이는 바로 오늘날 대한민국 자유우파가 직면한 과제이기도 하다. 좌파가 '분배'와 '정의'의 이름으로 권력을 집중시키는 동안, 보수는 자율과 경쟁, 그리고 책임을 통한 자유를 이야기해왔다.

이처럼 세계 보수주의의 계보는 단절이 아닌 축적의 역사다. 영국의 보수주의, 미국의 헌법적 자유주의, 유럽의 공동체 보수주의는 각기 다른 역사적 맥락 속에서 발전했지만, 공통적으로 인간의 불완전성과 공동체의 지혜, 그리고 제도와 전통의 힘을 중심에 두었다. 이 철학은 실현의 방식에서 차이가 있을지언정, 근본적으로 "무너뜨리지 말고 지켜라. 그리고 지킬 가치가 무엇인지에 대해 끊임없이 고민하라"는 교훈을 담고 있다.

현대 정치 속 보수주의는 단지 과거의 유산을 지키는 수동적 태도가 아니다. 그것은 자유와 책임, 질서와 공동체의 가치를 현실 속에 구현하고자 했던 이성적 정치철학의 실천이었다. 영국의 마거릿 대처(Margaret Thatcher)와 미국의 로널드 레이건(Ronald Reagan)은 그 대표적인 예다.

대처는 1979년 총리에 취임했을 당시, 영국은 강성 노조의 횡포와 포퓰리즘적 복지정책으로 경제와 사회가 마비된 상태였다. 그녀는 당시 영국 사회를 '국가에 의존하는 국민'이라는 구조적 병폐에서 벗어나게 하기 위해, 개인의 자율성과 책임을 강조했다. 대처는 이렇게 말했다. "사회라는 것은 존재하지 않는다. 오직 개인과 가족만이 있을 뿐이다." 이 말은 오해를 불러일으키기도 했지만, 그녀가 말하고자 했던 핵심은 분명했다. 국가가 모든 것을 대신해주는 순간, 국민은 자유를 잃고 무기력한 존재로 전락한다는 것이다. 그녀는 불편하더라도 자립을 선택해야 한다고 역설했으며, 바로 그 점에서 '국가에 의존하지 않을 자유'라는 보수주의의 원칙을 현실 정치에서 구현해냈다.

레이건 역시 마찬가지였다. 그는 "정부는 문제의 해결책이 아니라 문제 그 자체다"라는 말로, 국가의 지나친 개입이 오히려 시장의 창의성과 자율성을 해친다는 경고를 던졌다. 특히 그는 미국 사회에 만연한 '국가가 해결해줄 것이라는 기대'를 해체하고, 자유와 경쟁, 책임이라는 미국 건국 정신을 다시 복원하고자 했다. 그의 정책은 단순한 감세나 작은 정부의 문제가 아니었다. 그것은 체제의 본질에 관한 질문, 곧 "국민은 누구에게 자유를 위임하고, 그 자유를 어떻게 지킬 것인가"에 대한 사상적 응답이었다.

대처와 레이건은 모두 '이성'을 주장한 것이 아니라 '겸손한 이성'을 실천한 인물들이었다. 그들이 말한 '이성'은 추상적 이념을 현실에 강요하는 계몽주의적 오만이 아니라, 공동체가 오랜 시간 쌓아온 경험과 질서를 바탕으로 자유를 지켜내는 이성이었다. 그들은 버크가 말했던 것처럼, '급진적 평등과 무한한 이성에 대한 맹신'이 사회를 파괴한다는 사실을 꿰뚫어 보고 있었고, 보수의 길이야말로 개인과 공동체를 동시에 지

킬 수 있는 유일한 길임을 행동으로 증명했다.

이러한 세계 보수주의의 정신은 대한민국 보수에게도 중요한 길잡이가 되어왔다. 특히 윤석열 대통령은 취임사에서 '자유'라는 단어를 무려 35차례에 걸쳐 강조하며, 국정철학의 중심에 자유를 놓겠다는 의지를 분명히 했다. 그는 이후에도 일관되게 "자유는 무한한 권리가 아니라, 책임이 따르는 질서"라고 천명하며, 보수주의의 철학을 한국 사회 속에 구현하고자 했다. 윤 대통령은 대처와 레이건이 그러했듯, 정부의 역할은 만능 해결사가 아니라, 시장의 자율성과 개인의 창의를 극대화할 수 있는 여건을 조성하는 것이라고 보았다. 그는 선거 당시부터 "정부가 나서서 기업을 규제하는 시대는 끝났다"고 천명하며, 작은 정부와 민간 중심의 성장을 국정의 핵심 기조로 확립했다.

이제 대한민국 보수는 실용적 성공에만 안주할 수 없다. 우리의 보수는 산업화와 국가 재건이라는 절박한 과제를 실용의 이름으로 감당해왔고, 그 과정에서 기능적 정치와 실천적 행보로 정체성을 구축해왔다. 그러나 시대는 달라졌다. 이제 좌파는 단순한 정책 경쟁 상대가 아니라, 2018년 문재인 정부가 헌법에서 '자유'라는 단어를 지우려 했던 것처럼, 대한민국의 정체성과 체제 자체를 뒤흔들려는 이념 세력이 되었다. 이러한 시대에 보수는 더 이상 실용만으로는 부족하다. 이제는 자유의 본질이 무엇인지, 공동체를 지탱하는 질서란 어떤 것인지를 철학으로 응답할 수 있어야 한다. 세계의 보수주의가 그러했듯, 대한민국의 보수도 사상과 신념으로 무장한 체제 수호의 중심세력으로 다시 태어나야 한다. 국민은 단순한 실용을 넘어, 그 실용을 지탱하는 정신을 알고 싶어 한다. 보수는 이제, 그 물음에 답할 수 있어야 한다.

그렇다면 우리가 나아가야 할 보수의 길은 무엇인가. 그것은 단지 강한 리더십이나 안정적 행정이 아니라, 인간의 본성과 공동체의 뿌리를 깊이 이해하는 '따뜻한 보수'의 정신에 있다. 이것은 감성적 수사나 이미지 전략이 아니다. 그것은 오히려 전통적 보수 철학의 핵심이다. 앞서 언급한 버크도, 커크도, 하이에크도 공동체와 약자 보호를 부정하지 않았다. 다만 그것이 권력의 시혜로 주어져서는 안 된다고 본 것이다. 진정한 약자 보호는 개인이 스스로 설 수 있는 기반을 마련하는 것, 그리고 공정한 기회 속에서 공동체가 이들을 보호할 수 있는 틀을 만드는 것에서 출발한다. 이것이 바로 따뜻한 보수의 본질이며, 자유우파가 추구해야 할 진정한 철학적 방향성이다.

우리는 세계 보수주의의 계보 속에서 겸손히 배워야 한다. 지금 이 순간에도 세계는 포퓰리즘과 전체주의의 유혹 앞에서 흔들리고 있다. 그러나 분명한 것은, 이 모든 격변 속에서도 보수주의는 국가를 지탱하는 뿌리로서의 역할을 결코 포기하지 않았다는 것이다.

대한민국도 마찬가지다. 무너지는 질서 앞에서, 우리가 선택해야 할 길은 분명하다. 그것은 부러진 날개로 더 높이 날기 위한 것이 아니라, 뿌리 깊은 자유와 책임의 철학을 다시 붙드는 것이다.

"보수는 무너진 세상을 다시 일으킬 수 있는 철학이다."

보수주의는 단지 과거를 붙드는 태도가 아니다. 그것은 무너지는 시대 속에서도 무너지지 않는 인간의 본성과 공동체의 지혜를 신뢰하는 철학이다. 혁명의 언어가 언제나 더 정의롭지 않았고, 급진의 깃발 아래에서 수많은 자유가 사라졌다. 세계는 그 대가를 치렀고, 그 뼈아픈 교훈 위에 보수주의는 더 단단해졌다.

우리는 지금 다시 질문해야 한다. 무엇이 자유를 지키는가. 무엇이 공동체를 보호하는가. 무엇이 다음 세대를 위해 오늘 우리가 해야 할 일인가.

그 대답은 세계의 보수주의가 남긴 철학 속에 있다. 그 철학은 오늘 대한민국의 자유우파, 따뜻한 보수가 걸어야 할 길에 분명한 이정표가 되어줄 것이다.

보수는 멈춘 철학이 아니라, 무너진 세상을 다시 일으키는 힘 있는 정신이다. 지금 우리에겐 바로 그 정신이 필요하다.

1.3 자유 · 책임 · 전통의 가치를 말하다

보수는 언제나 '자유'를 말한다. 하지만 그것은 좌파가 입버릇처럼 반복하는 해방의 언어, 해체의 자유가 아니다. 보수가 말하는 자유는 철저히 공동체 안에서 실현되는 자유, 책임을 전제로 한 자유이며, 전통이라는 뿌리를 통해 살아 숨 쉬는 자유다. 이 세 가지, 곧 자유와 책임, 전통은 따로 떨어질 수 없는 보수의 세 기둥이다. 하나라도 빠지면 균형은 무너지고, 이념은 공허해진다.

자유는 인간이 가진 가장 고귀한 권리이자 존엄의 기초다. 자유는 인간에게 선택의 가능성을 주고, 선택은 곧 인생의 의미를 만들어낸다. 하지만 자유는 결코 무한한 것이 아니다. 무책임한 자유, 방종의 자유는 결국 타인의 권리를 침해하고 공동체를 무너뜨린다. 그러므로 보수가 말하는 자유는 늘 책임과 함께 묶여 있다. 우리는 자유롭기 위해 책임져야 하고, 책임질 수 있을 때 비로소 자유로울 자격이 생긴다. 이런 의미에서 보수가 중시하는 자유는 단순한 정치적 자유, 혹은 표현의 자유만이 아니다. 노력한 만큼의 결과를 얻을 자유, 국가의 과도한 간섭 없이 삶을 설계할 수 있는 자유, 가정을 지키고 자녀를 교육할 수 있는 자유와 같이, 삶의 전 영역에 걸친 자기결정권을 뜻한다.

여기서 중요한 것은, 이런 자유를 지키는 힘이 바로 '책임'이라는 점이다. 책임 없는 자유는 지속되지 않는다. 보수주의가 좌파와 결정적으로 갈라지는 지점이 바로 여기다. 좌파는 '권리'를 앞세우고, 보수는 '책임'을 말한다. 좌파는 국가가 책임져야 한다고 말하고, 보수는 국가가 나눠줄 수 없는 책임이 있다고 말한다. 어떤 인간도 완전하지 않고, 사회는 언제나 불완전하다. 그렇기 때문에 우리는 누군가를 탓하기보다, 자신이 서 있는 자리에서 먼저 책임을 지는 태도를 배워야 한다. 보수주의는 바로 이 책임의 미덕을 지켜내는 정치 철학이다.

이 책임은 개인에게만 요구되는 것이 아니다. 공동체에도, 기업에도, 정치에도 적용되어야 한다. 특히 지도자에게 요구되는 가장 높은 덕목이 바로 이 책임이다. 이승만 대통령은 자유민주주의 국가의 건국자로서 자유를 헌법적 원리로 정착시켰고, 박정희 대통령은 산업화의 길을 선택하며 책임 있는 성장을 이끌어냈다. 전두환 정부는 비판 속에서도 극심한 경제 불안 속 국가의 기초 질서를 유지했고, 이명박·박근혜 정부는 각각 실용과 복지를 두 축으로 하여 공동체의 균형을 추구했다. 그리고 윤석열 대통령에 이르기까지, 대한민국의 보수 지도자들은 시대마다 다른 방식으로 자유와 책임, 전통이라는 가치를 실현하려 했다.

윤석열 대통령이 정치적 불리함을 감수하면서도 법치주의와 원칙을 포기하지 않았던 이유, 그리고 '약자와의 동행'을 국정의 중심에 놓았던 이유 역시 바로 여기에 있다. 그것은 '보여주기'가 아니라, 국가는 약자를 책임져야 하고, 강자는 스스로를 책임져야 한다는 보수적 국가철학의 실천이었다. 이런 철학이 없다면 복지는 포퓰리즘으로 전락하고, 권력은 권리만을 외치며 도덕적 해이 속으로 빠져든다. 그는 끝내 정치의 한복판에서 물러났지만, 지키고자 했던 철학은 보수의 유산으로 남았다. 그것은 계승되어야 할 정신이며, 사라져선 안 될 기준점이다.

자유와 책임의 균형을 지탱하는 마지막 축은 '전통'이다. 여기서 말하는 전통은 단지 옛것을 고수하는 경직된 규범이 아니다. 보수주의가 말하는 전통은 역사 속에서 검증된 집단지성, 오랜 시간 축적된 질서와 지혜, 공동체가 신뢰를 바탕으로 만들어온 삶의 방식이다. 전통은 시대의 바람에 따라 곧바로 무너지는 것이 아니라, 변화 속에서도 공동체를 단단하게 연결해주는 유기적 구조다. 우리는 종종 '전통은 낡았다'고 쉽게 말하지만, 문제는 전통이 아니라 전통이 무너졌을 때 그 자리를 대신할 만한 가치와 질서가 준비되지 않았다는 점이다. 급진적 좌파가 '과거를 지우자'고 외칠 때, 그들이 제시하는 미래가 무엇인지 묻지 않을 수 없다. 파괴는 쉬우나, 새로운 공동체는 하루아침에 만들어지지 않는다.

보수는 그래서 전통을 존중한다. 가정, 학교, 종교, 언어, 역사, 예절 등 눈에 보이지 않는 이 전통의 힘이야말로, 우리 사회가 흔들리지 않도록 지탱해주는 '보이지 않는 기둥'이기 때문이다. 전통이 무너지면, 자유는 해체되고, 책임은 회피되며, 공동체는 원자화된다. 이 모든 것은 바로 지금 대한민국이 경험하고 있는 위기의 본질이다.

보수는 이 세 가지 가치를 공허한 구호로만 외치지 않았다. 수십 년간 이어져온 안보 위기, 경제 불확실성, 국제 정세의 격동 속에서 보수는 항상 '질서'와 '책임'을 앞세운 현실적 대응을 통해 체제를 지켜왔다. 군사 정권 이후에도 보수는 제도의 틀 안에서 변화에 응답했으며, 사회 혼란을 야기하지 않기 위해 국가의 기초 질서를 최우선으로 삼았다. 국민에게는 때로 냉정하고 단호한 원칙으로 보였을지 모르지만, 그것이야말로 전체주의적 유혹에 빠지지 않고 자유민주주의의 뿌리를 지켜낸 방식이었다. 보수의 실용성은 단기적 인기보다 국가의 지속 가능성을 중시한 철학적 판단이었다.

윤석열 대통령은 취임사에서 자유를 35차례 언급했다. 어떤 이는 그것이 진부하다고 했고, 어떤 이는 현실과 괴리된 추상이라고 비판했다. 그러나 그 말 속에는 분명한 철학이 있었다. 진짜 자유는 국가가 보장해주는 것이 아니라, 국민 스스로 책임질 수 있는 환경을 만들어줄 때 가능한 것이라는 신념. 그리고 그 환경을 지탱하는 힘이 바로 전통과 공동체라는 믿음. 지금 그 철학은 대통령의 자리를 떠난 뒤에도 여전히 자유우파의 가슴 속에서 살아 숨 쉬고 있다. 그것은 선거가 끝나도 사라지지 않는 신념이고, 권력이 바뀌어도 지켜야 할 원칙이다. 자유·책임·전통이라는 세 단어는 단지 과거 보수 정권의 유산이 아니라, 오늘의 보수가 다시 국민 앞에 설 때 반드시 꺼내 들고 설명해야 할 중심 가치다.

대한민국 보수가 다시 살아나기 위해서는 이 세 가지 가치를 다시 국민에게 설명할 수 있어야 한다. 자유는 선동이 아니라 설득의 언어로, 책임은 강요가 아니라 자발적 윤리로, 전통은 강제된 규범이 아니라 시대를 초월한 지혜로 다시 자리매김되어야 한다. 이 세 가지는 그 자체로도 중요하지만, 함께 묶일 때 비로소 보수주의의 온전한 그림이 완성된다.

지금 대한민국의 보수는 단지 정권을 지키는 정당이 되어서는 안 된다. 가치를 지키는 지성이어야 하고, 국민에게 질서와 자유의 균형을 설명할 수 있는 철학자여야 한다. 혼란을 타파하는 정치가가 아니라, 방향을 제시하는 교사가 되어야 한다. 말뿐인 개혁보다 더 중요한 것은, 무너지지 않는 중심의 철학을 보여주는 일이다.

그리고 그 철학은 자유·책임·전통이라는 세 단어 안에 모두 들어 있다.

1.4 한국 사회에서 보수가 왜곡된 이유

오늘날 대한민국에서 '보수'라는 단어는 너무나 쉽게 왜곡되고, 자주 오해된다. 누군가는 '보수'라 하면 낡은 기득권, 특권층의 이익을 대변하는 세력이라 치부하고, 또 누군가는 1980년대 권위주의 정권의 잔재로 몰아붙인다. 보수라는 말이 진지하게 사유되거나, 긍정적 가치로 받아들여지기보다는 조롱과 비난의 대상이 되는 현실은 냉정하게 말해 비정상이다. 세계 대부분의 민주국가에서 보수와 진보는 대등한 정치철학으로 인정받으며, 상호 견제와 균형을 통해 공동체를 지탱하는 두 축이 된다. 그러나 유독 대한민국에서는 '보수'가 오랜 시간 편향된 프레임 속에서 악마화되어 왔다. 이 왜곡은 단순한 인식의 문제가 아니다. 그것은 체제를 뒤흔들고, 역사적 정통성을 흐리며, 국민의 정치적 분별력을 마비시키는 전략적 장기계획의 산물이었다. 이것이 바로 이 책이 말하는 대한민국의 체제전쟁이 작동하는 한 방식이며, 이성 대신 우상이 지배하는 구조가 작동해 온 대표적 사례다.

보수에 대한 왜곡은 특히 좌파 진영의 언론, 교육, 문화 장악력을 통해 본격화되었다. 1980년대 민주화 운동 이후, 대한민국의 주류 지식사회와 문화계는 좌파 성향의 세력들이 주도하기 시작했다. 그들은 1980년대 군부 정권에 대한 저항의 정당성을 보수 전체에 덮어씌웠고, 이후 등장한 합법적 보수 정부들조차 모두 '독재의 후예', '반민주 세력'이라는 도식으로 규정했다. 언론은 이를 확대 재생산했고, 대중문화는 보수를 풍자와 조롱의 대상으로 삼았다. 교육현장에선 '해방 후 대한민국은 친일의 역사이고, 북한은 주체적으로 건국했다'는 왜곡된 역사관이 교묘하게 파고들었다. 학생들은 '보수=적폐', '진보=정의'라는 무의식적 도식을 배우며 성장했고, 이는 세대를 넘어 고착화되었다.

그렇다면 왜 이런 왜곡이 가능했는가. 그 이유는 첫째, 보수 내부의 자기 설명 부재, 둘째, 좌파의 프레임 선점 능력, 셋째, 국민 정서에 호소하는 감성 전략의 차이 때문이다. 보수는 언제나 실용과 성과를 중시해왔다. 정치를 이념이 아닌 '국정 운영'으로 접근했고, 그만큼 정체성과 철학을 설명하려는 노력이 부족했다. 반면 좌파는 '정의', '평화', '민주', '사람 사는 세상'이라는 감성적 언어로 정치를 포장했고, 이는 대중에게 쉽게 각인됐다. 즉, 보수는 잘해도 욕을 먹었고, 좌파는 못해도 명분을 얻었다. 이 기이한 불균형은 결국 보수의 진짜 가치를 국민이 경험했음에도, 그것을 '보수'라는 이름으로 인식하지 못하는 현실로 이어졌다.

문제는 이러한 프레임이 단순한 오해가 아니라, 정치적 목적을 위한 전략이었다는 점이다. 좌파는 보수를 '기득권의 대변자'로 규정하면서 자신들의 권력 욕망을 '정의 구현'이라는 이름으로 위장했다. 보수가 무능한 것이 아니라, 보수가 말을 빼앗긴 것이다. 자신을 설명할 언어를 잃고, 남이 씌운 이름으로 불리며, 스스로의 정당성을 설득할 수 없게 된 것. 이는 민주주의 국가에서 결코 가볍게 볼 일이 아니다. 정치적 언어를 장악한 쪽이 현실을 통제하고, 국민의 인식을 지배하며, 체제의 방향마저 바꿔놓을 수 있기 때문이다. 좌파가 문화 권력을 통해 이성의 자리를 선동과 감정으로 대체하고, 자유의 가치를 전체주의적 도그마로 대체하려 한 이 모든 기제는 결국 보수의 말과 가치를 사회로부터 분리시키려는 체계적 시도였다.

그렇다고 보수는 억울하다고만 할 수 없다. 분명히 보수 내부에도 기득권에 안주하고, 부패에 물든 세력이 존재했다. 그러나 그 일부를 전체로 오도한 것은 좌파의 전략이었고, 그것에 제대로 반박하지 못한 것은 보수의 실책이었다. 보수는 스스로를 갱신하지 못했고, 국민에게 다가가지 못했으며, 시대의 언어로 자신을 설명하는 데 실패했다. 이 자기 설명의 실패는 결국 보수=기득권, 무책임, 냉혈, 부패라는 도식이 굳어지게 만든 가장 큰 원인 중 하나였다.

보수가 왜곡된 또 하나의 이유는, 지도자의 성과와 철학이 국민 앞에서 왜곡되거나 축소되었기 때문이다. 이승만 대통령은 자유민주주의 체제 아래에서 대한민국을 건국하고, 6.25전쟁 중에도 자유 진영을 지키기 위해 한미동맹을 체결했다. 박정희 대통령은 산업화라는 국가적 기적을 이뤘지만, 그 성취조차 '군사독재'라는 이름 아래 폄하되었다. 전두환 정부는 경제적 안정과 질서 회복에 기여했으나, 정치적 한계를 덮어씌운 단일 이미지로 규정되었고, 이명박·박근혜 정부는 실용과 복지를 병행했음에도 불구하고 일부 실정만이 부각되어 전체 보수정권의 정통성이 흔들렸다. 가장 최근에는 윤석열 대통령이 자유의 철학을 앞세우며 '약자와의 동행'을 국정 운영의 중심으로 세웠지만, 거대 야당의 조직적 발목잡기와 감성적 프레임 속에서 그 철학의 진의는 왜곡되고, 결국 정치적 시련으로 이어졌다.

이처럼 대한민국 보수는 단지 실책 때문이 아니라, 설명을 빼앗긴 채 공격당해왔다. 정치의 본질은 단지 정권 유지가 아니라, 어떤 가치가 공동체를 지탱하느냐에 대한 설득이다. 보수는 그 설득에 소홀했고, 좌파는 그 틈을 선동으로 채워 넣었다. 보수가 다시 일어서기 위해서는, 그동안 누적된 왜곡과 오해를 걷어내고, 시대의 언어로 자신의 철학을 다시 설명해야 한다.

이제 보수는 변해야 한다. 아니, 본래의 가치를 회복해야 한다. 자유와 책임, 전통을 말하면서도 그것이 어떻게 약자를 위한 것인지, 왜 공정한 경쟁이 정의인지, 어떻게 가정과 교육이 국가의 근간이 되는지를 국민의 언어로, 감성으로, 구체적으로 다시 설명해야 한다. 단순히 지키겠다는 말만으로는 부족하다. 보수가 지키려는 것이 무엇인지, 그리고 그 지킴이 왜 지금 이 시대에 필요한 것인지에 대해 설득할 수 있어야 한다.

'따뜻한 보수', '약자와 함께하는 자유우파'라는 철학은 결코 변명이 아니라, 보수가 본래 지니고 있었던 정신의 복원이다. 보수는 언제나 국민을 보호하는 마지막 방파제였고, 대한민국이라는 체제가 위태로울 때 끝까지 지켰던 뿌리였다. 지금 필요한 것은 새로운 철학이 아니라, 잊혀진 진실을 다시 꺼내는 용기다. 그리고 바로 그것이 이 책의 제목처럼, 우상화된 감성의 언어에서 이성의 언어로 돌아가는 유일한 길이기도 하다.

윤석열 정부의 출범은 그런 점에서 보수에게 다시 한번 자기 정체성을 복원할 기회가 되었다. 대통령은 취임사에서 자유를 반복하며, 헌법 가치를 중심에 놓겠다고 선언했다. '약자와의 동행'은 보수가 배운 교훈의 실천이고, '공정과 상식'은 보수가 되찾아야 할 기준이었다. 그러나 그는 그 철학을 끝까지 지키고자 했고, 그 결심은 지금 자유우파가 계승해야 할 유산으로 남아 있다. 이 유산은 이승만의 자유정신, 박정희의 실용주의, 그리고 역대 보수 정부가 쌓아올린 책임의 리더십과 함께 오늘날 보수가 국민 앞에 내놓아야 할 철학의 집대성이어야 한다.

보수는 기득권이 아니다. 보수는 이 나라를 유지하는 뿌리이고, 자유를 가능케 하는 울타리이며, 가장 약한 국민을 보호하는 공동체의 방패다. 이 사실이 왜곡된 채 방치된다면, 국민은 결국 자유와 질서 없는 사회 속에서 불안에 떨게 된다.

이제는 말해야 한다. 왜곡된 보수의 이미지를 걷어내고, 보수가 어떤 가치로 이 나라를 지켜왔는지를, 그리고 앞으로 무엇을 지킬 것인지를 국민 앞에 또렷이 보여줘야 한다.

1.5 보수와 극우는 다르다: 오해와 진실

한국 사회에서 '보수'라는 단어가 가장 왜곡된 방식으로 오염된 출발점은 바로 '극우'라는 프레임이다. 이 프레임은 설명도 맥락도 없이 감정만을 작동시킨다. 보수적 가치와 입장이 드러나는 순간, 기다렸다는 듯 '극우', '반민주', '반지성', '냉전수구'라는 단어가 무차별적으로 덧씌워진다. 그러나 이 프레임은 자연스레 형성된 것이 아니다. 민주당을 중심으로 한 좌파 정치권과 일부 언론이 공모한, 보이지 않는 카르텔의 산물이다. 그들은 조직적이고 지속적인 낙인 전략으로 자유우파 세력을 '극우'로 몰아가려 했다. 이유는 단순하다. 보수가 가진 진실과 설득력이 드러나는 것을 두려워하기 때문이다.

보수의 철학은 원래 강하고 따뜻하다. 책임과 질서를 중시하면서도, 약자에게 기회를 주는 균형의 미덕을 품고 있다. 공동체를 지키고, 법치를 존중하며, 역사와 전통을 계승하는 보수의 가치는 결코 낡은 것이 아니라 시대를 관통하는 중심의 철학이다. 바로 이 점이 좌파 세력에게는 위협이다. 보수의 본모습이 드러나는 순간, 대중은 분명 그 안의 품격과 신뢰, 건강한 상식을 알아차릴 것이기 때문이다. 그래서 그들은 보수를 '설명'하지 않고 '혐오'하게 만든다. 보수의 말에 귀를 기울이게 하기보다는, 보수 자체를 입막음하고 제거하려는 전략을 구사해온 것이다.

특히 좌파 언론은 이러한 프레임의 전달자로서 충실한 역할을 해왔다. 그들은 '극우 유튜버', '냉전 수구세력', '시대착오적 발언'이라는 반복적 표현을 통해 자유우파 정치인을 희화화하고, 정당한 정책 제안을 '혐오 표현'으로 몰아가며, 대중의 사고를 감정의 프레임에 가두었다. 논리보다 낙인을, 사실보다 인상을 앞세운 이 선동은, 정치적 논쟁을 진실의 경쟁이 아니라 이미지의 소란으로 전락시켰다. 그리고 많은 국민은 그 선입견에 무방비하게 노출된 채, '극우'라는 말이 주는 불쾌감만으로 보수를 밀쳐내게 되었다.

그러나 보수는 결코 극우가 아니다. 보수가 중시하는 것은 혐오가 아니라 책임이며, 분열이 아니라 질서이다. 극우는 감정의 폭주에 불과하지만, 보수는 공동체를 지키기 위한 성숙한 이성의 철학이다. 극우는 외톨이의 분노에서 나오고, 보수는 역사와 전통의 축적된 지혜에서 나온다. 이 모든 차이를 의도적으로 지운 채, 보수를 극우로 몰아붙이는 정치 행위야말로 민주주의를 위협하는 가장 교묘한 독이다.

실제로 유럽과 미국에서는 보수주의와 극우주의를 철저히 구분한다. 독일의 기민당, 영국의 보수당, 미국의 공화당 내 전통 보수파는 극우와 거리를 두며 보수의 품격을 지켜왔다. 그러나 대한민국 정치권에서는 이 구분이 의도적으로 파괴되었다. 좌파는 모든 자유우파를 '극우'로 매도하고, 국민은 그 언어의 프레임 안에서 보수의 본질을 제대로 볼 기회를 박탈당해왔다.

보수를 극우로 왜곡하는 것은 단지 용어의 혼동이 아니다. 그것은 의도적이고 조직적인 인식의 조작이며, 국민이 자유와 책임, 질서와 공동체라는 가치를 회복할 가능성을 차단하려는 전략이다. 그러나 이제는 이 프레임을 깨야 한다. 보수는 책임이고, 품격이며, 미래를 지키는 힘이다. 그 힘을 다시 세우는 일, 그것이 지금 우리가 다시 보수를 말해야 하는 이유다.

필자 역시 그 왜곡의 칼날을 정면으로 마주한 사람 중 하나였다. 국가공무원인재개발원장으로 재직하며, 전국의 공직자들을 대상으로 윤석열 대통령이 강조한 책임 있는 국가관, 올바른 역사관, 확고한 안보관을 전파했다. 대통령의 외교·안보 철학, 즉 체코 원전 수주에서 드러난 실용주의 외교, 민노총의 불법행위에 단호히 맞선 업무개시명령과 노조 회계장부 공시 제도화 및 최저 노동손실일수를 달성한 기록, 북한 지령을 따르던 노조 간부 체포, 3축 체계의 재건, 한미일 안보협력과 NATO(북대서양조약기구)·ACUS(호주·캐나다·미국 간 3자 안보협력체)를 아우르는 글로벌 전략까지 — 이 모든 메시지를 공직자의 시선에서 성실하게 설명하고, 유튜브를 통해 국민과 공유한 일이 있었다. 그러나 그 순간부터 좌파 언론과 야당은 기다렸다는 듯이 '극우 유튜버 출신 공직자', '정권의 나팔수', '편향된 인사'라는 낙인을 들이댔다. 대통령이 직접 발탁한 인재였다는 점, 필자가 전하는 메시지가 윤석열 정부의 국정 철학과 정확히 일치한다는 점은 전혀 고려되지 않았다. 그들은 '극우'라는 단어 하나로 모든 맥락을 지워버렸고, 그 단어는 실상 '입을 닫으라'는 명령이었다.

그렇다면 왜 좌파는 이토록 집요하게 '극우 프레임'을 들이대는가. 그 본질은 두려움이다. 자유우파가 말하는 '책임의 철학'이 국민에게 다시 울림을 줄까 두렵기 때문이다.

첫째, 그들은 자유우파가 말하는 '책임 있는 자유'라는 철학이 국민에게 설득력을 얻는 것을 두려워한다. 좌파는 언제나 국가가 모든 것을 해주겠다고 약속해왔다. 복지, 노동, 교육, 안보까지 '정부가 해결해주는 문제'로 규정했고, 그 과정에서 국민의 자율성과 책임 윤리는 점차 사라졌다. 그러나 윤석열 정부가 내세운 보수의 방향은 '스스로 설 수 있도록 돕는 국가'이며, 국민을 주체로 대하는 정치다. 이 철학이 자리 잡히는 순간, 좌파의 존재 이유는 급속히 약화될 수밖에 없다.

둘째, 좌파는 보수가 말하는 안보의 논리가 국민을 각성시킬 것을 두려워한다. 북한의 위협, 중국의 침투, 글로벌 질서 속의 자유 진영 선택이라는 현실적 안보 이슈는 진보 진영이 회피하거나 왜곡해 온 주제다. 특히 윤 대통령이 '한미일 안보협력'을 강조하고, 3축체계를 재건하며, 국제적 공급망과 기술 안보에 대한 명확한 입장을 세우자, 좌파는 그 정책적 정당성 자체를 공격할 수 없으니, 그 지지자를 향해 '극우'라는 프레임을 덧씌우는 방식을 택한 것이다.

셋째, 좌파는 보수의 언어가 회복되는 것을 두려워한다. 오랜 시간 동안 좌파는 '민주', '평등', '진보', '연대', '사람 중심' 같은 단어를 독점해 왔고, 보수는 '독재', '기득권', '반개혁'

같은 부정적 어휘로 묶여 왔다. 그런데 자유우파가 '따뜻한 보수', '약자와의 동행', '공정한 기회의 사회', '책임 있는 자유'를 말하기 시작하면, 좌파의 언어 독점은 깨지게 된다. 실제로 윤석열 대통령의 메시지는 이러한 변화를 만들어냈고, 필자와 같은 사람들이 그 메시지를 공직자들과 국민에게 전파하기 시작하자, 좌파는 말이 아닌 낙인을 통해 저항하기 시작했다. 논쟁하지 않고 낙인을 찍고, 설명하지 않고 조롱하며, 설득하려 하지 않고 침묵을 강요하는 그 방식은 그들 스스로 자신 없는 철학 위에 서 있음을 보여주는 반증이다.

정치는 철학이 없을 때 선동으로 흘러간다. 그리고 철학을 가진 상대가 등장할 때, 선동은 가장 먼저 낙인의 언어로 반응한다. 극우라는 프레임은 그래서 무력하고 초조한 진보 정치의 그림자다. 보수는 단 한 번도 혐오를 무기로 삼지 않았고, 타인의 말할 권리를 빼앗은 적이 없다. 보수는 원칙을 지키고, 제도를 존중하며, 헌법의 정신을 따르는 사람들의 철학이다. 그 철학은 군복이 아니라 시민의 옷을 입고 있고, 총기가 아니라 설득의 언어로 무장돼 있으며, 외침이 아니라 책임으로 증명된다. 이 모든 것을 '극우'라고 부르는 순간, 진짜 극우는 가려지고, 보수는 침묵하게 되고, 결국 공동체는 무너진다.

이제 국민이 답할 차례다. 누가 진심으로 나라를 지키려 하는가, 어떤 철학으로 세상을 바라보며, 말이 아닌 실천으로 믿음을 주는 사람은 누구인가. 우리는 누구의 손에 대한민국의 미래를 맡길 수 있는가. 자유우파는 더 이상 침묵해서는 안 된다. 낙인에 굴하지 말고 철학으로 말하고, 책임으로 보여주며, 실천으로 설득해야 한다. 그래야 비로소 보수는 오해에서 벗어나고, 대한민국은 거짓의 프레임에서 자유로워질 수 있다. 진실은 결국 침묵보다 강하고, 책임은 언젠가 국민의 마음을 움직인다. 그 시간이 지금이다.

1.6 대한민국 보수가 꿈꾸는 미래

보수는 단지 지키는 철학이 아니다. 보수는 지키되 멈추지 않고, 이어가되 새롭게 하며, 변화를 두려워하지 않되 무너지지 않는다. 그러므로 보수는 과거에 머무는 정치가 아니라, 미래를 설계하는 철학이다. 대한민국 보수가 지금 필요한 이유는 단순히 좌파의 실정을 비판하기 위함이 아니라, 이 사회가 어디로 가야 할지 방향을 잃었기 때문이다. 갈등은 깊어지고, 신뢰는 무너졌으며, 공동체는 해체되고 있다. 이때 보수가 꿈꾸는 미래란 단호한 정신의 복원이며, 무너진 가치의 회복이고, 분열된 국민을 다시 엮어내는 통합의 정치다.

첫째, 보수가 꿈꾸는 미래는 **책임 있는 자유**가 살아 숨 쉬는 나라다. 여기서 말하는 자유란 해체나 방종의 자유가 아니라, 타인의 권리를 침해하지 않고 스스로의 삶을 책임지는 고귀한 자유다. 보수는 국가가 국민 위에 군림해 시혜를 베푸는 존재가 아니라, 국민이 자립할 수 있도록 돕는 조력자여야 한다고 믿는다. 그 철학은 윤석열 대통령이 줄곧 강조해온 "약자와의 동행", "따뜻한 보수"라는 메시지에 녹아 있다. 국가는 약자를 위해 존재하되, 약자가 스스로 설 수 있도록 환경을 조성해야 한다는 것이다. 윤 대통령이 아버지에게 받은 책, 밀턴 프리드먼의 『선택할 자유』는 이 정신을 상징적으로 보여준다. 자유는 책임과 결합될 때만 지속 가능하고, 국가는 그 자유를 가능케 하는 최소한의 울타리여야 한다는 것이 보수의 철학이다.

둘째, 보수는 **질서와 공정이 회복된 정의로운 나라**를 지향한다. 보수는 법 앞의 평등을 실현하고, 원칙과 기준이 살아 있는 사회를 만든다. 좌파가 지배했던 지난 시기, 법치는 흔들렸고, 언론은 선동의 무기가 되었으며, 교육은 특정 이념의 실험장이 되었다. 법은 감정이 아니라 사실 위에 세워져야 하며, 언론은 권력을 감시하는 동시에 진실을 말해야 하고, 교육은 정답을 강요하는 것이 아니라 사고를 키워야 한다. 보수는 이런 정상적 상식을 되찾고자 한다. 정치는 정의를 외치는 구호가 아니라, 공정한 질서 위에서 실현되는 책임의 실천이다.

셋째, 보수는 **평화를 힘으로 지켜내는 튼튼한 안보국가**를 꿈꾼다. 전쟁이 없다고 평화가 보장되는 것은 아니다. 오히려 평화는 언제나 강력한 억지력 위에 세워진다. 북한의 위협은 여전히 지속되고 있으며, 중국의 정치·경제·문화적 침투는 이미 대한민국 사회의 깊은 곳까지 뻗어 있다. 이럴 때일수록 우리는 미국과 일본을 포함한 자유 진영과의 연대를 선택이 아닌 생존의 문제로 인식해야 한다. 윤석열 정부가 3축 체계를 복원하고, 한미일 안보협력을 강화하며, 글로벌 공급망과 기술 안보를 외교 전략의 중심에 둔 것은 단순한 안보정책이 아니라 국가의 존립과 직결된 헌법적 결단이다. 문재인 정부의 9·19 군사합의처럼 북한에 눈과 귀를 맡긴 안보 포기 행위는 서해 공무원 피격이라는 비극으로 되돌아왔고, 보수는 이 오류를 되풀이하지 않는다.

넷째, 보수가 그리는 미래는 **지속 가능하고 실효성 있는 복지**

국가다. 보수는 복지를 반대하지 않는다. 오히려 그것을 실현 가능한 방식으로, 국가의 책임과 국민의 자립이 조화를 이루는 시스템으로 만들고자 한다. 진보가 추구하는 무차별적 현금 살포와 선거용 퍼주기는 미래세대에 빚을 전가하고, 국민을 국가의 시혜에 의존하게 만든다. 반면 보수는 청년의 자립, 노인의 안전, 양육과 돌봄의 부담까지 실질적으로 분담하는 구조를 고민한다. 단순히 퍼주는 복지가 아니라, 국민이 스스로 존엄을 지킬 수 있도록 기회를 제공하는 복지. 그것이 보수가 말하는 따뜻한 공동체이며, 바로 '약자와 함께 가는 자립의 국가'라는 비전이다.

다섯째, 보수는 **공동체의 정체성이 뿌리내린 나라**를 만든다. 지금 대한민국은 '우리가 누구인가'에 대한 정체성의 위기에 처해 있다. 자유대한민국의 건국은 폄훼되고, 이승만 대통령의 업적은 지워지며, 1948년 체제의 정통성은 마치 논쟁의 대상인 양 흔들리고 있다. 그러나 보수는 이 땅의 정체성을 결코 부정하지 않는다. 자유민주주의와 시장경제, 법치주의와 국민주권 위에 세워진 대한민국의 체제는 그 자체로 보수의 자부심이며, 미래 세대에게 반드시 계승해야 할 자산이다. 애국심은 억압이 아닌 연대의 출발이며, 정체성은 갈등이 아닌 일체감의 근간이다. 보수는 역사에 기반한 미래 설계로 다시 중심을 세울 것이다.

이 모든 것을 가능하게 하는 정치철학은 오직 하나, **보수주의**다. 자유우파 보수가 세운 나라, 지켜온 나라, 이제 다시 일으켜야 할 나라. 그것이 보수가 꿈꾸는 대한민국이다. 이 비전은 과거로의 회귀가 아니라, 흔들리는 시대에 중심을 세우는 용기이며, 국민을 위한 설계다. 정치가 분열을 부추길 때, 보수는 통합을 말할 것이다. 이념이 감정을 자극할 때, 보수는 원칙을 붙잡을 것이다. 시대가 흔들릴 때, 보수는 중심을 지킬 것이다. 그리고 그 보수의 정신 위에, 대한민국의 다음 세대는 자유롭고 책임 있는 삶을 살아갈 수 있을 것이다.

대한민국 체제전쟁
우상과 이성

제2장

가짜 진보의 탄생

좌파는 어떻게 변질되었는가

좌파의
가면을 벗기다

진보라는 이름은 정의와 약자를 위한 것처럼 보이지만, 대한민국의 좌파는 그 이름을 앞세워 국가의 근간을 뒤흔드는 체제전복 세력으로 변질되어 왔다. 운동권에서 출발한 그들은 민주화를 외치며 권력을 쥐었고, 그 권력을 유지하기 위해 종북, 반미, 반일 감정을 정치도구로 활용해왔다. 언론, 교육, 법조를 장악하고, '정의'와 '민주주의'라는 언어를 독점하면서, 국민을 감성의 프레임에 가두는 전략은 치밀하고 조직적이었다.

이 장은 대한민국 좌파가 어떻게 진보를 가장해 체제를 공격해왔는지를 해부하고, 그 위선과 독점이 자유민주주의에 어떤 치명적 위협이 되는지를 명확히 드러낸다. 대한민국이 맞서야 할 진짜 전쟁은, 바로 이 위장된 이념과의 체제전쟁이다.

제2장

2.1 대한민국 좌파의 기원: 운동권 세대의 이념 뿌리

대한민국의 좌파는 어디에서 시작되었는가? 오늘날 한국 사회에서 '진보'라 불리는 세력, 특히 거대 야당으로 자리 잡은 민주당과 그 주변 시민사회, 언론, 노동계, 교육계, 문화 예술계에 이르기까지 광범위한 영향을 미치는 좌파의 뿌리는 결코 단순하거나 일시적인 것이 아니다. 그 시작은 해방 이후 좌우 이념의 격돌로 거슬러 올라가지만, 현재 한국 좌파의 이념적 성격을 규정하는 근본적인 뿌리는 1980년대 운동권 세대에 있다. 이들이 지금 대한민국 좌파의 핵심 노선, 전략, 감수성, 언어와 정치적 습관을 모두 결정지었다 해도 과언이 아니다. 해방 직후 대한민국은 이념적으로 극심한 충돌 속에서 국가 정체성을 확립해야 했다. 1945년 일본의 패망과 함께 한반도는 미군과 소련군에 의해 분할 점령되었고, 이는 곧 분단과 체제 간 경쟁으로 이어졌다. 이 과정에서 대한민국과 북한은 완전히 다른 길을 걸었다. 북한은 소련의 지원을 받은 김일성이 공산주의 일당 독재 체제를 수립한 반면, 남한은 1948년 제헌국회를 통해 자유민주주의와 자유시장경제를 근간으로 한 헌법을 제정했다. 제헌국회의 의장 이승만은 개인의 자유, 법치주의, 사유재산권을 명확히 보장하는 자유민주주의 헌법을 확립하며 대한민국의 체제를 김일성의 공산주의 독재와 명확히 구분 지었다.

그러나 1948년 대한민국의 건국 과정은 험난했다. 남한 내 좌익 세력들은 북조선노동당과 연결된 무장 투쟁을 전개하며 대한민국 정부의 정통성을 부정했다. 1946년 대구 10·1 사건을 시작으로 제주 4·3 사건, 여수·순천 반란 사건에 이르기까지, 이들은 '인민민주주의'를 표방하며 무장 봉기를 일으켰다. 이러한 반국가적 활동은 단순한 이념 투쟁이 아니라, 대한민국의 존립 자체를 위협하는 것이었다. 특히 1948년 대한민국 정부가 수립된 이후에도 이러한 폭력적 활동이 계속되면서, 정부는 자유민주주의 체제를 지키기 위해 법적·제도적 대응을 강화할 필요성을 절감했다. 이에 따라 같은 해 12월 1일, 공산주의 세력의 국가 전복 시도를 차단하고 자유민주적 기본질서를 수호하기 위해 국가보안법을 제정했다. 이는 단순한 사상 통제가 아니라, 대한민국이 자유민주주의 국가로서 존립하기 위해 필수적인 조치였다.

그럼에도 불구하고 대한민국 좌파의 맥은 완전히 끊어지지 않았다. 1950년 6·25전쟁 이후 공산주의 세력은 남한 내에서 정치적 영향력을 급격히 상실했으나, 1970~80년대에 이르러 다시금 '진보'라는 이름으로 새로운 형태의 좌파 운동이 대학가와 사회 전반에 퍼지기 시작했다. 박정희-전두환 정부를 거치며 군사정권에 대한 반발심이 커지면서, '반독재'라는 구호를 내건 운동권 세력이 형성되었고, 이들은 점차 대한민국 체제 자체를 부정하는 방향으로 변질되기 시작했다. 표면적으로는 민주주의와 인권을 외쳤지만, 그 이면에는 반미·반자본주의·민족주의적 좌파 이념이 깊이 자리 잡고 있었다.

특히 1980년 광주민주화운동 이후, 이러한 노선은 더욱 극대화되었다. 군사정권에 대한 반감이 높아지면서, 일부 운동권 세력은 북한을 '민족 자주'의 상징으로 이상화하기 시작했다. 1987년 민주화 이후 이들은 제도권 정당 정치에 진입하며 대한민국 정치의 주류로 올라섰고, 점차 좌파 이념을 체계화해 나갔다. 이 과정에서 언론, 교육, 법조, 문화예술계까지 운동권이 진출하면서 한국사회에 좌파적 사고를 뿌리내리게 하며, 자유민주주의적 가치를 약화시키는 방향으로 사회를 변화시키기 위한 시도를 끊임없이 지속해 왔다.

오늘날 대한민국의 정치적 갈등은 단순한 보수와 진보의 대립이 아니다. 이것은 자유민주주의와 전체주의적(공산 사회주의적) 사고방식 간의 체제전쟁이다. 이는 곧 『대한민국 체제전쟁, 우상과 이성』이라는 오늘날의 본질적 물음을 향해 나아간다. 대한민국이 지속적으로 번영하기 위해서는 자유민주주의의 근본 가치를 확고히 지키고, 좌파적 이념의 본질과 그 위험성을 명확히 인식하는 것이 필수적이다. 그러나 문제는 좌파의 이러한 사고방식이 단순한 감성적 반미·반자본주의적 정서에서 비롯된 것이 아니라, 보다 체계적으로 정리된 사상적 뿌리를 가지고 있으며, 그것이 세대를 거쳐 조직적이고 치밀하게 계승되어 왔다는 점이다.

대한민국 좌파 운동의 흐름을 보다 심층적으로 이해하기 위해서는, 1980년대 이후 운동권이 NL(National Liberation, 민족해방)과 PD(People's Democracy, 민중민주)라는 두 개의 흐름으로 나뉘었다는 사실을 짚어볼 필요가 있다. 이들은 모두 반미·반자본주의를 기조로 삼았지만, 전략과 노선, 북한에 대한 태도에서 뚜렷한 차이를 보였다. 특히 NL 계열은 북한의 주체사상을 적극적으로 수용하며, 대한민국을 미국의 지배를 받는 '식민지 국가'로 규정했다. 이들은 북한식 혁명을 모델로 삼아 남한 사회를 전복해야 한다고 주장했고, '우리민족끼리'라는 구호 아래 북한 정권을 민족의 정통성으로 포장했다. 반면 PD 계열은 국제주의적 성향이 강했으며, 마르크스-레닌주의에 입각해 사회경제적 불평등 해소와 급진적 구조 개혁을 추구했다. 이들은 노동자 계급 중심의 혁명을 강조하며, 북한 체제보다는 서구식 사회주의 모델을 참고했다.

이처럼 대한민국 좌파 운동권의 계보는 단순히 '민주화 세력'이라는 미화된 명칭으로 정의될 수 없는 복잡한 사상적 연원을 지니고 있다. 이들은 단순한 이념 논쟁을 넘어 현실 정치와 국가 운영 전반에 깊숙이 침투하며 직접적인 영향을 미쳐 왔다. 대한민국 좌파의 이념적 뿌리를 제대로 이해하지 않고서는, 그들이 궁극적으로 어떤 방향을 지향하며, 왜 지속적으로 대한민국의 자유민주주의 체제와 충돌하는지를 설명하기 어렵다. 이런 점에서 NL과 PD로 대표되는 운동권 좌파의 계보를 보다 면밀히 분석하는 것은, 단순한 역사적 고찰이 아니라 현재 대한민국이 직면한 정치적 현실을 해석하는 핵심적인 과정이다.

운동권 세력의 NL과 PD 계보를 살펴보면, 이들이 단순한 학생운동이나 반정부 저항 세력에 그치지 않았음을 알 수 있다. 이들은 1987년 민주화 이후 제도권으로 대거 진입하며 정당, 언론, 법조, 노동계, 교육계, 문화예술계를 포함한 각종 사회 영역에서 영향력을 확대해 나갔다. NL 계열은 이후 민주노동당, 통합진보당, 정의당과 같은 정당을 통해 정치세력화되었으며, PD 계열은 시민단체와 진보 성향의 언론, 법조계를 중심으로 활동하면서 제도 개혁과 정치적 영향력을 행사해 왔다. 특히 NL은 북한과의 연계를 유지하며 '민족주의적 진보'를 내세웠고, PD는 경제·사회 구조 개혁을 명분으로 좌파적 정책 기조를 강화하는 데 주력했다. 이들은 각기 다른 방식으로 한국 사회에 깊이 뿌리내리면서, 결과적으로 대한민국의 자유민주주의 체제와 지속적으로 대립하는 흐름을 형성했다.

비록 NL과 PD는 접근 방식과 노선에서 차이를 보였지만, 본질적으로는 반자본주의, 반시장경제, 반미, 친북 성향을 공유하며 대한민국 체제에 대한 근본적인 불신을 갖고 있었다. 문제는 이러한 운동권 세력이 단순한 저항세력으로 남지 않고,

1987년 체제 이후 대거 제도권으로 흡수되었다는 점이다. 학생운동 출신들은 언론, 정당, 시민사회뿐만 아니라 법조계와 교육계까지 진입하며, 과거의 이념을 현실 정치와 정책으로 변형해 나갔다. 특히 윤석열 대통령의 탄핵 사태를 계기로 드러난 우리법연구회 출신 판사들의 편향적 판결은, 수십 년에 걸쳐 형성된 운동권의 제도권 장악과 좌파 카르텔의 실체를 자유우파 국민들에게 각인시킨 계기가 되었다. 이는 이들이 주도하는 사회적 흐름이 단순한 이념 논쟁을 넘어, 실제로 대한민국의 정치, 경제, 문화, 그리고 법조 시스템 전반에까지 영향을 미치는 방향으로 확장되고 있음을 의미한다.

특히 김대중·노무현 정부 이후, 운동권 출신들은 '개혁'이라는 명분 아래 국가 시스템을 자신들의 이념적 성향에 맞게 재편하려는 시도를 본격화했다. 이들은 '평등'과 '진보'를 강조했지만, 그 기조는 시장경제에 대한 불신과 국가 개입의 극대화로 이어졌다. 김대중 정부는 외환위기 극복을 위한 신자유주의적 개혁을 단행했으나, 동시에 민주노총 등 좌파 성향의 노동세력과 연대하며 정권의 기반을 다졌다. 이후 노무현 정부는 '분배 중심 경제'와 '권력기관 개혁'을 기치로 내걸며 공공부문 확대와 사법 개혁을 추진했지만, 결과적으로 시장을 위축시키고 법치의 원칙을 흔들었다. 대한민국 건국의 정통성을 부정하는 역사 서술이 교육과 공론장에서 확산되었고, 반미정서는 점차 이념적 도그마로 자리 잡았다. 특히, 북한에 대한 접근 방식은 유화적 태도를 넘어 '민족 공조'라는 명목 아래 대북 퍼주기 정책으로 변질되었고, 이는 북한 체제에 대한 비판을 차단하는 분위기를 조성했다.

이 과정에서 대한민국 좌파의 기본 정서는 더욱 고착화되었다. 법치보다 운동권 논리를 앞세운 '정치적 정의'가 강조되었고, 법원의 판결조차 이념적 판단에 따라 영향을 받는 사례가 늘어났다. 노무현 정부 시절 법조계에서 '우리법연구회'가 세력을 넓히며 사법부 내 좌파 성향이 강화되었고, '민주적 정당성'을 내세운 법치 훼손이 점점 심화되었다. 정치의 도덕화를 내세운 결과, 법보다 운동권의 논리가 우선하는 문화가 형성되었고, 정권의 입맛에 맞지 않는 이들은 '적폐'로 규정되며 탄압받았다. 이러한 흐름은 이후 문재인 정권에서 절정에 이르렀으며, 결과적으로 좌파 진영은 자유민주주의 대한민국을 변화의 대상으로, 심지어 극복해야 할 '과거의 유산'으로 바라보는 경향을 보이게 되었다.

그렇다면 이들은 왜 여전히 과거의 언어와 이념에 갇혀 있는가. 그 이유는 첫째, 이들이 체제 밖에서의 저항을 정체성으로 삼아왔기 때문에, 체제 안에 들어온 이후에도 항상 국가를 비판하고 해체하려는 습성을 버리지 못했기 때문이다. 둘째, 정치적 목적 달성을 위해 북한과의 연계, 민중의 이름을 빌린 선동, 자유시장경제에 대한 혐오를 쉽게 포기할 수 없었기 때문이다. 셋째, 이들 대부분이 공산주의는 실패했지만 자본주의도 답이 아니라는 불신 속에서, 체제를 바꾸려는 태도를 유지하고 있기 때문이다.

이런 성향은 오늘날 민주당과 그 주변 운동권 출신 정치인들에게서도 여전히 발견된다. 그들은 자신들을 '민주주의의 계승자'로 포장하지만, 실상은 운동권적 정서와 체제 전복적 사고를 여전히 갖고 있는 정치세력이다. 특히 '적폐청산'이라는 이름으로 진행된 지난 좌파 정권의 행보는, 전형적인 혁명정권적 마인드에서 비롯된 것이었다. 반대 세력을 '청산'의 대상으로 규정하고, 권력의 독점과 언론·사법 장악을 정당화하는 방식은, 민주주의보다는 전체주의에 가까운 통치 방식이었다.

이처럼 1980년대 운동권 세력의 제도권 진입과 법조·교육·언론·정치 전반에서의 영향력 확대는, 대한민국이 자유민주주의의 원칙을 지키기 위해 반드시 극복해야 할 과제가 되었다. 특히 윤석열 정부에 대한 전방위적 공격, 탄핵 시도, 특검 추진, 사법부의 편향적 판결 등은 단순한 정치적 반대가 아니라, 좌파 카르텔이 체제 자체를 바꾸려는 시도임을 보여준다. 대한민국의 자유민주주의를 지키기 위해서는, 단순한 선거 승리가 아니라, 좌파 운동권이 장악한 구조적 문제를 근본적으로 해결하는 장기적 전략이 필요하다.

좌파는 지금도 대한민국을 '미완의 국가'로 본다. 그들에게 대한민국은 진정한 민주화가 완성되지 않은, 여전히 청산해야 할 '구질서'의 유산이 남아 있는 곳이다. 그래서 그들은 스스로를 '진보'로 정의하고, 보수를 '반동'으로 몰아간다.
하지만 질문해야 한다. 과연 지금 이 시대에, 국가를 지키자고 말하는 보수가 반동인가? 체제를 무너뜨리려는 좌파야말로 퇴

행적인 것이 아닌가?

운동권의 이념은 과거의 산물이 아니다. 그것은 아직도 대한민국 좌파의 뿌리 깊은 곳에서 살아 있고, 오늘날 우리의 현실 정치와 사회 담론을 강하게 지배하고 있다.

이것이 바로 지금 우리가 좌파를 다시 보아야 하는 이유다. 그들의 뿌리를 알지 못하면, 왜 그들이 지금 그런 언어를 쓰고, 그런 행동을 하며, 그런 정치를 하는지 이해할 수 없기 때문이다.

2.2 진보라는 이름의 독점: 정의를 가장한 위선

대한민국에서 '진보'라는 단어는 오랫동안 일종의 도덕적 면허증처럼 사용되어 왔다. 정치든, 언론이든, 문화든 '진보'라는 수식어가 붙는 순간, 그 자체로 '정의롭다', '민주적이다', '사람 중심이다'라는 긍정적 인식이 자동적으로 따라붙었다. 그러나 과연 그러한가? '진보'라는 이름은 정말로 정의를 대표하는가, 아니면 '정의'라는 개념을 수단화한 위선인가? 이제 대한민국이 겪고 있는 체제적 위기를 고려할 때, 이 질문을 더 이상 미룰 수 없다.

대한민국에서 '진보'라는 단어가 사실상 좌파 세력의 전유물이 되어버린 지 오래다. 그리고 이 독점적 사용은 좌파에게 도덕적 권위라는 착시현상을 부여했다. 마치 보수는 시대에 뒤처진 반개혁 세력이자 기득권을 옹호하는 세력이고, 진보는 시대를 선도하며 미래를 설계하는 개혁 세력인 것처럼 포장되었다. 이러한 언어적 프레임은 단순한 이미지의 문제가 아니다. 이것은 곧 정치적 정당성의 문제이며, 특정 이념이 국민의 사고방식과 정책 결정 과정에까지 영향을 미칠 수 있도록 만든 가장 강력한 무기였다. '진보'라는 단어를 선점한 세력은 이를 이용하여 1980년대 운동권 세력의 제도권 진입을 정당화했고, 법조·교육·언론·정치 전반에 걸쳐 자신들의 영향력을 확장하는 데 활용했다.

결과적으로 대한민국의 자유민주주의는 이러한 언어적 프레임

전쟁에서 방어적 위치로 밀려나야 했다. 특히 보수우파 정부에 대한 전방위적 공격—탄핵 시도, 특검 추진, 사법부의 편향적 판결—등은 단순한 정치적 반대가 아니라, 대한민국의 체제를 근본적으로 뒤흔들려는 좌파 카르텔의 전략적 시도라는 점에서 심각한 문제다. 단순한 선거 승리를 넘어, 좌파 운동권이 장악한 구조적 문제를 해결하지 않는다면 대한민국의 자유민주주의는 근본적으로 위협받을 수밖에 없다.

더 심각한 문제는 '진보'라는 이름을 내건 좌파가 실제로 어떤 실천을 해왔는지에 대한 비판적 검증이 거의 이루어지지 않았다는 점이다. 그들은 '사람', '민주', '공정', '연대', '정의'를 끊임없이 외쳤다. 그러나 그들이 권력을 잡았을 때 보여준 행동은 정반대였다. 가장 폐쇄적이고, 가장 배타적이며, 가장 위선적이었다. 촛불을 들 때는 정의를 외쳤지만, 정권을 잡자

마자 사법부와 언론을 장악하며 자신들에게 불리한 세력을 '적폐'로 몰아 탄압했다. 이는 '진보'라는 가면을 쓴 권력 본능 그 자체였다.

문재인 정권 5년 동안 우리는 이러한 위선의 민낯을 똑똑히 목격했다. 조국 사태는 그 대표적 사례다. '공정과 정의'를 입에 달고 살던 이들이, 정작 자신들의 자녀 입시에는 온갖 불법과 특혜를 동원했고, 법 앞에서는 책임지기는커녕 '검찰개혁'이라는 명분으로 수사를 방해하고 프레임 전환에만 몰두했다. 놀랍게도, 이러한 위선을 지적하는 쪽이 아니라 이를 비판한 보수가 '정치공작'을 벌인 가해자로 뒤바뀌는 상황이 연출되었다.

어째서 이런 일이 가능한가? 그것은 '진보=정의'라는 전제가 이미 국민 인식 속 깊숙이 뿌리내려 있었기 때문이다. 언어의 프레임은 무서운 힘을 갖는다. 잘못을 해도 면죄부를 부여하고, 반대자를 손쉽게 '악'으로 규정하며, 언론과 교육을 통해 끊임없이 그 신화를 재생산한다.

대한민국 좌파는 오랜 세월에 걸쳐 언어를 점령함으로써 현실을 통제하는 전략을 사용해왔다. 그들은 '진보'라는 단어 하나로 '도덕적 우위'의 자리에 올라 정당성의 심판관처럼 군림했다. 자신들만이 국민의 뜻을 대변하는 것처럼, 자신들만이 대한민국을 이끌어갈 수 있는 유일한 세력인 것처럼 행동했다. 그러나 진정한 정의는 언어에 있지 않다. 정의는 실천과 결과,

그리고 그 결과에 대한 책임 속에서 증명되는 것이다.

한편, 진보는 오랫동안 '평등'과 '인권', 그리고 '더불어 함께'라는 구호로 윤리를 독점해왔다. 그러나 그 말의 껍질 안에는 감정의 선동이 있었고, 그 언어는 점차 이념을 신격화한 우상이 되어갔다. 결국 '진보'는 언어를 통해 현실을 통제하는 우상이 되었고, 그 우상은 감성으로 판단을 흐리게 하며 이성을 배제했다.

그들이 '진보'라고 주장하며 추진했던 정책들을 보라. 탈원전, 소득주도성장, 부동산 규제, 대북 유화책, 검찰 해체 시도 — 이 모든 결과는 어떠했는가? 시장은 혼란에 빠졌고, 에너지는 위기에 봉착했으며, 외교는 흔들렸고, 집값은 폭등했으며, 사회는 분열되었다. 그럼에도 불구하고 그들은 '우리는 선의로 했기에 정당하다'고 주장했다. 마치 '선의'만 있으면 모든 결과가 정당화될 수 있는 것처럼 말이다.

이것이 바로 '진보의 위선', 혹은 '정의를 가장한 독점'이다. 그리고 이러한 위선은 좌파 진영이 스스로를 성찰하지 않는 한, 앞으로도 반복될 수밖에 없다. 대한민국이 자유민주주의를 지키기 위해 나아가야 할 방향은 명확하다. 언어 프레임에서 벗어나 실천과 결과를 기준으로 삼아야 한다. 그리고 무엇보다도, 대한민국의 미래를 책임질 새로운 보수는 '진보'라는 단어에 주눅 들지 않고, 그 허상을 논리적으로 해체하며, 자유민주주의와 법치의 가치를 확고히 세워야 한다.

보수는 진보처럼 화려한 언어를 갖고 있지 않다. 때로는 거칠고, 설명이 부족하며, 대중의 감성에 어필하지 못한다. 하지만 보수는 원칙을 지키려 한다. 실천과 책임, 질서와 자유, 공동체와 시장이라는 복잡한 균형을 끝까지 붙들려 한다.

진보가 '평등'을 외칠 때 보수는 '기회의 공정'을 말하고, 진보가 '민주'를 외칠 때 보수는 '자유와 책임의 민주주의'를 말한다. 그 말은 덜 자극적일 수 있다. 그러나 그 속엔 실제로 공동체를 지탱할 수 있는 철학이 있다.

이제는 대한민국의 언어를 다시 되찾아야 할 때다. '진보'라는 이름이 모든 선을 대표하는 것이 아님을 말해야 하고, '보수'라는 이름이 결코 부끄러운 것이 아님을 드러내야 한다. 좌파가 독점한 단어들을 현실의 결과와 책임의 언어로 다시 되돌려야 한다. 국민은 말이 아니라 실천을 보고 판단할 수 있어야 한다.

진보는 진보일 때만 의미가 있다. 진보가 그 이름을 무기로 권력을 독점하고, 스스로에겐 관대하면서 상대에겐 잔혹하며, 선한 얼굴로 기득권을 휘두를 때, 그것은 더 이상 진보가 아니다. 그것은 가면을 쓴 권위주의이고, 선동으로 포장된 독점일 뿐이다.

진보는 도대체 무슨 짓을 해온 것인가. 분노를 조장하며 편가르기에 몰두하거나, 도덕적 구호를 내세워 갈등과 증오심을 조장해왔다. 국민이 하나 되어 살아가는 공동체의 가치를 지키기보다는, 자신들과 생각이 다르면 적으로 규정하며 갈등을 부추겨왔다. 국민의 삶은 구호에 그쳤고, 자기 세력의 권력구축에만 오로지 진심이었다.

"사람이 먼저다"라 말하면서도, 정작 등 뒤에서는 기득권을 지키는 데 몰두했다. "공정"을 외치면서 자녀에게는 온갖 특권을 몰아주고, "평등"을 말하면서 반대 세력은 혐오하고 배제했다. 말은 원칙을 노래했지만, 현실은 선택적 윤리와 진영의 잣대로 갈라졌다. 진보는 정의를 외쳤지만, 그 정의는 자신에게는 면죄부였고, 상대에게는 심판의 채찍이 되었다.

그들의 정의에는 기준이 없었고, 실천이 없었으며, 책임이 없었다. 오직 "우리가 옳다"는 오만과, "우리는 선하다"는 자기도취만 남았다. 그렇게 저들의 정의는 스스로 타락했고, 진보 전체가 그 타락에 침묵하고 눈감았다.

이제 우리는 분명히 말해야 한다. 진보란 그저 이름만으로 빛나는 것이 아니라, 그 이름에 걸맞은 책임과 실천이 뒷받침될 때에만 의미를 가진다. 그러나 현실의 진보는 타락했고, 위선으로 가득 차 있으며, 그 어떤 잘못에도 책임지려 하지 않는다. 결국, 그들은 스스로 도덕적 타락의 늪에서 벗어날 수 없다.

정의란 단순한 구호나 수사가 아니다. 정의는 결과로 증명될 때 비로소 그 가치를 인정받는다. 실천되지 않은 정의는 공허한 메아리에 불과하며, 그저 위선이라는 이름으로 남을 뿐이다. 그리고 그 위선은 결국 우상이 되었다. 이제 우리는 감성의 허상이 아닌 이성의 기준 위에서 진실을 다시 말해야 한다.

2.3 민주화 이후의 권력 탐욕: 변질된 진보 엘리트

한때 '민주화의 영웅'으로 불리던 이들이 있었다. 그들은 거리에서 투쟁했고, 구속과 해직을 감수했으며, 독재 정권에 맞서 정의를 외쳤다. 1980년대 운동권 출신으로 대학과 사회를 풍미하던 이들은, 1987년 민주화 이후 하나 둘 제도권으로 들어오기 시작했다. 정당으로, 언론으로, 교육계와 시민사회로, 법조계와 지방정치로. 그렇게 등장한 새로운 집단이 바로 '진보 엘리트'다. 하지만 문제는 이들이 민주화를 이뤄낸 후, 그 다음 무엇을 했느냐는 것이다.

그들은 오랜 시간 '피억압자'였다고 말하며 자신들의 도덕적 정당성을 축적해 왔다. '과거에 고생했으니, 우리는 옳다', '우리는 시대정신을 대표한다'는 식의 자기 신화가 진보 엘리트의 출발점이었다. 그러나 바로 그들이 권력을 잡자, 국민은 충격적인 광경을 목격했다. 그들은 더 이상 약자가 아니었고, 이미 기득권이 되어 있었다. 그리고 더 큰 문제는, 그들이 자신이 비판하던 과거의 권력보다 더 교묘하고, 더 완고하며, 더 위선적인 방식으로 권력을 행사하기 시작했다는 점이다.

민주주의라는 이름은 이제 그들에게 면죄부가 되었고, '검찰개혁'이나 '언론개혁' 같은 구호는 실상 권력 장악 수단으로 변질됐다. 문재인 정부 시절, 진보 엘리트들은 입법부, 행정부, 사법부에 걸쳐 사상 유례없는 인사 독점과 조직 장악을 시도했고, 그 모든 것을 '개혁'이라는 이름으로 정당화했다. 선출되지 않은 권력들이 국가 시스템을 재편하고, 국민의 목소리를 대변한다며 국민을 선도하려 들었다.

이들은 더 이상 시민운동가가 아니었고, 권력자였다. 그러나 문제는 그들이 권력자답게 책임지지 않았다는 점이다.

조국 사태는 그들의 본질을 드러낸 가장 상징적인 사건이었다. 입시 공정성, 기회의 평등, 정의로운 사회를 외치던 그들의 얼굴 뒤에 감춰진 건, 자신의 자녀에게 특권을 몰아주고, 사회 시스템을 악용하며, 책임을 회피하는 위선자들의 민낯이었다. 더욱 심각한 것은, 그들 주변의 정치권과 언론, 시민사회까지도 이 위선을 덮기에 급급했다는 것이다. 진보 엘리트는 서로를 감싸며, 그들만의 정의를 만들어냈다. '정치 보복이다', '검찰의 과잉 수사다', '적폐의 저항이다'라는 말들은 국민의 분노를 대체하기 위해 교묘히 꾸며낸 언어적 수사였다.

이처럼 '내로남불'은 단순한 유행어가 아니라, 진보 엘리트의 지배 방식을 드러내는 핵심 키워드가 되었다. 국민 앞에서는 공정과 정의를 말하고, 뒤에서는 특권을 즐기고 책임을 피하는 이중성. 그들은 자신들이 한때 비판하던 권력보다도 더 공고한 권력 체계를 만들었고, 더 광범위한 언론 장악, 더 치밀한 조직 동원, 더 집요한 프레임 공작을 벌였다. 결국 민주주의라는 이름은 이들에게서 통치의 수단이 되었고, 정치는 혁명의 언어로 포장된 권력게임으로 전락했다.

왜 이런 일이 벌어졌는가? 진보 엘리트는 스스로를 시스템 밖의 도덕적 심판자로 착각했다. 그들은 헌법과 절차가 아닌 '운동의 명분'에 따라 국가를 이끌려고 했다. 이념이 곧 법이 되었고, 선동이 정책이 되며, 감정이 기준이 되었다. 보수는 제도를 수호하려 했지만, 진보 엘리트는 제도 그 자체를 권력의 도구로 삼았다. 이들이 청산하겠다고 했던 '적폐'는 결국 자신들의 자리를 위한 명분이었고, '개혁'은 반대자들을 제거하기 위한 수단이었다.

여기에 언론과 문화계, 교육계를 장악한 그들의 조직력은 상상을 초월했다. 민노총 산하 언론노조, 전교조 출신 교육관료들, 시민단체라는 이름의 운동가들은 한 덩어리처럼 움직이며, 정치·문화·여론을 정교하게 설계하고 통제했다. 진보 엘리트는 단지 하나의 정치 세력이 아니라, 하나의 권력 생태계였다. 그 생태계 안에서 진실은 재편되었고, 이념은 현실을 재구성했다. 그 결과, 국민은 더 이상 무엇이 진보이고 무엇이 정의인지 알 수 없게 되었다. 이것이야말로 이성을 몰아낸 자리에 우상이 들어선 현상이었다.

결국 우리는 다시 묻는다. 이들이 진보를 대표할 자격이 있는가? 과연 이들이 말하는 '민주'는 누구를 위한 것이었고, 그들이 주장한 '정의'는 누구를 위한 것이었는가?

민주화의 성과는 우리 모두의 것이지, 특정 세력의 전유물이 아니다. 그러나 진보 엘리트는 그 민주화의 공적을 마치 자신

의 소유권처럼 휘둘렀고, 국민 위에 군림하며 국가 시스템 전체를 '운동의 연장선'으로 착각했다.

이제 그 착각은 끝나야 한다.

진보는 특권이 아니다. 진보는 명분이 아니다. 진보는 자격이다. 그 자격은 오직 실천과 책임, 결과와 진정성으로 증명된다. 이제 국민은 말보다 기록을 본다. 구호보다 결과를 기억한다. 그리고 소위 '진보 엘리트'라는 자들이 남긴 기록은, 그들이 정의를 말할 자격이 없음을 너무도 분명하게 보여주고 있다.

2.4 보수를 타락이라 부르고, 종북을 평화라 부르다

오늘날 대한민국 정치 담론에서 가장 기묘한 역전 현상 중 하나는, 자유를 지키려는 보수가 '타락'이라 불리고, 전체주의에 굴종하려는 세력이 '평화'를 말하는 자들로 추앙받는다는 점이다. 도대체 언제부터 대한민국은 진짜를 혐오하고, 가짜에 면죄부를 주는 사회가 되었는가?

보수가 자유민주주의 체제를 지키려 목소리를 높이면 '냉전수구'라 조롱당하고, 북한 인권을 말하면 '전쟁광'이라 낙인찍히며, 자유시장경제의 원칙을 주장하면 '기득권 대변자'라 불린다. 반면, 북한의 도발에 침묵하고, 독재체제를 비판하지 않으며, 한미동맹을 흔들고 안보를 약화시키는 언동은 '평화지향적'이라는 이름으로 포장된다.

이러한 담론의 전도는 결코 우연이 아니다. 그것은 좌파 진영이 오랜 세월에 걸쳐 쌓아온 프레임 전략의 결과물이다. 좌파는 1980년대 민주화 운동의 도덕적 정당성을 독점하면서, 보수는 언제나 '반민주', '기득권', '부패'라는 부정적 이미지로 고정했다. 이는 단지 정치적 비판 수준이 아니라 정체성과 명예를 훼손하고, 도덕적 자격 자체를 박탈하는 수준의 공격이었다. 그들은 보수의 과거 일부 권위주의의 그림자를 전체로 확대했지만, 자신들의 내부에 자리 잡은 종북적 경향이나 전체주의적 동조는 철저히 외면하거나 미화했다.

대표적인 예는 북한에 대한 태도에서 극명히 드러난다. 북한은 세계 최악의 인권 탄압국가다. 3대 세습 체제, 주민 통제, 공개 처형, 사상 주입, 탈북민 강제 송환 등 국제사회가 지적해 온 수많은 반인권 행위들이 반복되고 있다. 그러나 대한민국 좌파는 이런 문제에 대해 놀라울 정도로 침묵하거나 애써 외면해왔다. 오히려 그들은 북한의 체제를 '우리와 다른 방식의 주권'이라고 말하거나, '북한 주민의 고통은 미국의 제재 때문'이라고 전가한다. 이는 인권과 평화라는 이름을 가장한 반역적 태도다. 국제사회는 북한의 위협을 경계하는데, 대한민국 좌파는 오히려 북한을 감싸고 그들의 행위를 정당화한다.

진보좌파 정권 아래에서 특히 강조된 '평화' 담론은 그 본질이 무너진 지 오래다. 그것은 북한과의 무조건적 대화, 군사력 약화, 한미동맹 균열, 주적 개념 삭제, 9·19 군사합의 등 국가안보를 구조적으로 허물어온 실험에 불과했다. 문재인 정부 시절, 청와대의 브리핑은 평화의 언어로 가득했지만, 동시에 북한은 미사일을 쏘고, 서해에서 우리 공무원을 사살하고 불태웠다. 심지어 정부는 그 사실을 은폐하려 했고, 유족의 접근을 막았으며, 국민의 분노에 '남북관계 악화 우려'라는 이유로 침묵을 강요했다.

이것이 과연 평화인가? 좌파의 말 뿐인 평화는 국민의 생명 앞에서 침묵하고, 자유를 지키는 보수를 향해서만 칼을 겨눈다.

이처럼 보수는 국가의 기둥을 지키려 하면 '전쟁을 부른다'며 비난 받고, 종북적 행위는 '평화를 위한 외교'라며 칭송 받는 구조는 비정상 그 자체다. 더 나아가, 보수를 향한 이런 도덕적 낙인은 언론과 문화계에서 더 강화되어 왔다. 좌파 지식인들과 진보 매체들은 보수의 말 한마디를 확대 왜곡해 '망언'으로 몰고, 북한 체제를 직접 비판하는 목소리는 '혐오'로 낙인찍는다. 반면, 주체사상과 김정은 체제에 대한 미화는 '다양한 시각'으로 포장된다. 공정성이 사라진 언론은 자유를 위한 보수의 외침을 '극우의 선동'으로 비틀어 보도한다.

이러한 이중잣대는 단지 표현의 왜곡이 아니다. 그것은 국가의 방향을 바꾸고, 국민의 인식을 교란시키며, 자유민주주의 체제 자체를 허무는 언어 전쟁이다. 이성은 배제되고 감정의 우상이 체제를 지배한다. '평화'라는 단어를 이용해서 문재인 정권은 군을 약화시켰고, '공존'을 말하면서 안보를 해체했으며, '정의'를 외치면서 보수를 탄압했다. 결과적으로 그들이 지킨 것은 북한 정권의 체면이었고, 잃어버린 것은 국민의 생명과 국군의 명예였다.

그러나 진짜 평화는 두려움에서 오는 굴종이 아니라, 자유를 지키기 위한 강한 힘에서 비롯된다. 보수는 언제나 그 사실을 알고 있었다. 단순히 총을 든다고 평화를 지키는 것이 아니라, 국민이 신뢰할 수 있는 안보태세와 강력한 국방력이 평화를 만든다는 것을 이해하고 있었다.

'힘에 의한 평화'는 전쟁을 부르는 것이 아니라, 전쟁을 예방하는 유일한 길이다. 그리고 그 길은 자유를 포기하지 않는 용기, 북한의 실체를 똑바로 보는 현실감각, 그리고 국민의 생명을 무엇보다 앞세우는 가치관 위에 서 있다.

보수를 타락이라 부르는 자들은 자유를 혐오한다. 종북을 평화라 부르는 자들은 진실을 숨긴다. 그리고 그들이 던진 언어의 폭력은 오늘도 국민의 눈을 가리고 있다.

이제 우리는 말해야 한다. "진짜 평화는 자유와 정의 위에 세워져야 한다고. 침묵과 굴종은 평화가 아니다. 그것은 국가의 해체다." 그리고 "보수는 전쟁을 부르는 세력이 아니라, 전쟁을 막아온 세력이다."

이 단순한 진실을 되찾는 것, 그것이 바로 지금 대한민국이 해야 할 가장 절실한 과제다.

2.5 좌파의 문화장악 전략: 언론 · 교육 · 법조를 삼키다

마르크스주의가 실패한 시대에, 좌파는 총 대신 언어를 선택했다. 무력혁명이 불가능한 곳에서는 언어, 교육, 문화, 법조를 장악함으로써 사회 전반을 점령해가는 전략이 선택되었고, 이 이론적 전환의 중심에는 안토니오 그람시가 있었다. 그람시는 공산주의 혁명이 왜 서유럽에서 실패했는지 분석하며, 체제를 지탱하는 것은 단순한 경제구조가 아니라 '문화적 헤게모니'라는 결론을 내렸다. 즉, 사람들의 언어, 관념, 상식, 문화, 교육을 좌파의 세계관으로 점령할 수 있다면 혁명은 이미 시작된 것이나 다름없다는 것이다. 이 이론은 21세기 한국 좌파에게 깊숙이 흡수되었고, '문화권력' 장악을 통한 체제 변혁 전략으로 현실화되었다. 오늘날 대한민국의 언론, 교육, 법조, 문화예술계에 깊이 뿌리내린 좌파 카르텔은 바로 이 사상의 실천적 결과물이다.

이러한 문화 권력 장악은 단순한 정치적 다툼이 아니다. 이것은 자유민주주의 체제를 잠식하는 새로운 양상의 체제전쟁이다. 총 대신 언어로, 전투 대신 내러티브로, 강제 대신 동의로 이뤄지는 '우상의 전복'이며, 이성이 배제된 자리에 감성적 선동과 이념적 우상이 들어선 전장의 현실이다.

먼저 언론을 보자. 좌파는 언론을 진실을 알리는 창이 아닌, 인식을 조작하는 도구로 사용했다. 전국언론노동조합, 즉 언론노조는 민주노총 산하 조직으로서 주요 공영방송을 사실상 좌파적 세계관에 맞게 재편해왔다. MBC, JTBC, 한겨레, 경향신문 등은 이념 선전에 가까운 뉴스를 양산해왔고, 심지어 보수신문으로 알려진 중앙일보 동아일보조차도 칼럼이나 논설을 통해서 진보 진영의 실책과 부정은 축소하거나 외면하고, 보수 진영의 사소한 말실수도 확대 재생산했다. 언론의 이중잣대는 이미 구조화되어 있으며, 윤석열 정부 출범 이후 언론의 편향은 더욱 노골화되었다. 대통령의 외교 성과는 깎아내리고, 안보 강화는 전쟁광으로 몰아가며, 자유시장경제 정책은 재벌 편들기로 왜곡한다. 언론은 사실이 아니라 내러티브를 구성하고, 그 내러티브는 정치적 목적에 따라 유리하게 짜여진다.

교육계 또한 좌파가 가장 먼저 장악한 문화전선이다. 전교조는 단지 교사조직이 아니라, 좌파 이념을 교육이라는 이름으로 유포하는 문화전달자 역할을 자임해왔다. 이들은 해방 이후 대한민국의 건국과 6.25 전쟁의 의미, 이승만과 박정희 대통령의 업적을 지우고, 식민사관과 피해자 프레임, 계급투쟁 관점을 교과서 속에 집어넣었다. 특히 '근현대사'는 진보적 관점에서 서술되지 않으면 '극우적'이라는 낙인이 붙을 정도로 이념적 균형이 무너진 상태다. 대학 사회도 예외는 아니었다. 좌파 학자들이 학계의 다수를 차지하며 연구비와 논문 심사, 채용과 인사까지 좌우하는 구조가 형성되었고, 자유주의적 관점은 배제되고, 좌파적 서사는 학문적 상식이 되었다. 자유우파의 논문은 통과되지 않았고, 학생들은 '진보가 상식'이라는 가르침을 의심 없이 받아들이게 되었다.

법조계는 더욱 심각하다. '우리법연구회'와 '국제인권법연구회' 출신 일부 판사들은 법의 중립성과 헌법적 가치보다, 자신들의 정치적 성향을 우선하는 경향을 보여왔다. 이들은 사법의 판결을 '좌파 혁명의 실현 도구'로 간주하는 듯한 태도를 보이며, 정권의 성향에 따라 판결의 무게를 달리했다. 대표적인 예가 이재명 더불어민주당 대표의 공직선거법 위반 사건이다. 1심 재판부는 허위 발언에 대해 징역 1년, 집행유예 2년을 선고했지만, 2심 재판부는 사실관계가 바뀌지 않았음에도 이를 무죄로 뒤집었다. 1심에서 징역형에 집행유예를 선고받은 사건이 2심에서 무죄로 뒤집힐 확률은, 최근 3년간(2021~2023년) 1.7%에 불과했다. 사실상 1.7%라는 바늘구멍을 뚫을 수 있는 유일한 가능성은 판사쇼핑밖에 없다고 단언해도 될 정도다.

더욱 충격적인 사례는 윤석열 대통령의 헌법적 결단에 따라 비상계엄이 실시된 이후, 윤대통령에 대한 불법적인 체포영장을 발부하려는 시도가 벌어졌다. 공수처는 영장을 받아내기 위해 특정 좌파 성향 판사들이 몰려 있는 서울서부지방법원에 반복적으로 영장을 청구하는 '영장 쇼핑'을 했고, 대통령을 내란 범죄자로 몰아가기 위한 사법적 조작을 시도했다. 그 과정에서 사건 담당 판사는 형사소송법 제110조와 제111조를 적용하지 않는다는 법치주의를 정면으로 부정하는 탈법적 영장을 발부했다. 이는 한 나라의 대통령을 겨냥한 법적 폭거이자, 대한민국 곳곳에 뿌리내린 좌파 카르텔의 실체를 극명하게 드러낸 사건이었다. 충격을 받은 자유우파 국민들은 물론 법조계 내부에서도 이 판결을 법치의 붕괴이자 사법 카르텔의 존재를 확인하는 결정적 계기로 인식했다. 법이 정치적 목적에 따라 휘둘리고, 정의의 이름으로 법치가 짓밟히는 현실에 대한 경각심이 한층 고조되었다.

우리법연구회 출신 판사들에게 법은 결코 공정한 원칙이 아니라, 자신들의 이념을 관철하기 위한 도구였다. 이런 명백한 법적 일탈을 저질렀다면 적어도 동료 판사들의 견제나 비판을 신경 쓸 법도 했지만, 그들은 오히려 법을 자신들의 정치적 목표를 실현하는 수단으로 삼으며, 양심조차 버렸다. 그들에게 판결은 법적 정의를 실현하는 과정이 아니라, 좌파 혁명을 위한 전략적 선택이었다.

이러한 그람시의 문화권력 장악 전략은 단지 언론, 교육, 법조에만 국한되지 않는다. 영화, 연극, 문학 등 문화예술 분야 역시 좌파 카르텔이 지배하는 핵심 거점이 되었다. 현재 문화예술계에서 심사위원, 제작위원, 수상위원단의 상당수가 특정 이념에 경도되어 있으며, 자유우파 시각이 반영된 작품은 공공 지원금에서 배제되거나 '극우'라는 낙인이 찍힌다. 반면 '촛불', '민주화', '반일', '반미', '성소수자' 등의 코드가 들어간 작품은 막대한 예산 지원과 각종 시상에서 우대받는다.

이는 단순한 문화의 다양성 문제가 아니라, 표현의 자유를 위축시키는 문화적 검열이며, 국민 세금이 특정 정치이념을 재생산하는 데 활용되는 구조적 왜곡이다. 예술의 본질인 창의적 자유와 독창성이 보장되는 것이 아니라, 정치적 목적에 따라 특정 이념을 강화하는 수단으로 동원되고 있는 것이다. 결과적으로, 문화예술은 진정한 창작의 영역이 아니라, 특정 세력이 이념적 메시지를 주입하고 국민 정서를 장악하는 도구로 변질되고 있다.

좌파는 단지 선거를 이기기 위해서가 아니라, 대한민국의 정체성을 근본적으로 바꾸기 위해 이 문화장악 전략을 구사해왔다. 그람시가 말한 '시민사회의 문화권력 장악'은 이미 한국사회 곳곳에서 실현되었고, 이를 통해 좌파는 헌법을 우회하고 국민을 설득하지 않고도 체제를 변형시켜왔다. 언론으로 진실을 바꾸고, 교육으로 역사를 왜곡하며, 법조로 정치적 프레임을 정당화하고, 문화로 감성을 지배한다. 이것이 바로 '문화적 전복'이며, 대한민국이 직면한 가장 교묘한 체제 위협이다.

자유우파는 이 싸움을 외면해서는 안 된다. 문화는 중립이 아니다. 교육은 이념에서 자유롭지 않다. 법은 의지만으로 공정해지지 않는다. 언론은 감시자이기도 하지만, 동시에 조작자가 될 수 있다. 그렇기에 우리는 더 깊은 책임감을 가지고, 언어를 바로 세우고, 교육을 회복하며, 법치를 복원하고, 문화의 자유를 되찾아야 한다. 그 시작은 진실을 직시하는 용기이며, 그 용기는 말이 아닌 실천에서 온다.

2.6 왜 진보는 자기반성이 없는가: 도덕의 독점이 낳은 불감증

진보라는 제법 괜찮은 뉘앙스로 포장된 이름으로 불리우는 좌파는 늘 도덕의 언어를 선점해왔다. '사람이 먼저다', '정의로운 사회', '공정한 나라', '평등한 기회'라는 말들은 그 자체로 반박할 수 없는 선의처럼 포장되었고, 이러한 언어는 곧 진보 좌파가 정의롭다는 인식을 사회 전반에 각인시켰다. 정치 영역은 물론, 언론, 교육, 문화예술계까지 이른바 '진보'라는 말은 일종의 면죄부 역할을 하며, 그 내부에서 벌어지는 위선과 권력 다툼, 질시와 암투조차 쉽게 용서되거나 외면받았다. 좌파는 정의를 외치지만, 그 정의는 자기 자신에게는 한없이 관대했고, 반대 진영에게는 잔혹한 심판의 도구가 되었다.

이처럼 특정 진영이 도덕적 우위를 독점하게 되면, 사회는 이성적 판단보다 감정적 정의에 휘둘리게 되고, 객관적 사실보다는 진영 논리에 따라 옳고 그름이 결정되는 구조로 변질된다. 그 결과, 도덕이란 이름 아래 불공정이 용인되고, 책임을 져야 할 사람들이 면죄부를 받으며, 정작 법과 원칙을 지키려는 이들은 부당한 비난과 탄압을 받게 된다.

진보 진영이 내세우는 도덕적 명분은 단순한 정치적 구호를 넘어, 자신들에 대한 비판조차 가로막는 철옹성이 되어버렸다. "우리는 약자의 편이다", "우리는 개혁 세력이다", "우리는 정의를 실현한다"는 자기 정당화는 내부의 잘못을 외면하는 방패가 되었고, 외부에서 제기되는 정당한 비판마저 '혐오'로 몰아가는 도구로 작동했다. 조국 사태는 그 민낯을 적나라하게 보여준 사건이었다. 공정과 정의를 외치던 이들이 정작 자신과 자녀에게는 특권과 편법을 당연한 듯 행사했고, 이를 지켜본 국민들은 큰 충격을 받았다. 하지만 놀랍게도, 당사자들은 반성은커녕 책임지는 모습을 보이지 않았다. 오히려 지지층은 분노하기보다는 검찰개혁이라는 새로운 프레임을 만들어, 불의에 대한 문제 제기를 '정치적 탄압'으로 둔갑시켰다. 잘못을 인정하고 바로잡는 대신, 또 다른 명분으로 진실을 덮어버리는 이 구조야말로, 진보가 만들어낸 '도덕의 독점'이 낳은 가장 위험한 결과이며, 결국 '자기반성 없는 진보'라는 현실을 증명하는 것이다.

이명박 정부 당시, 좌파 진영은 2008년 미국산 쇠고기 수입 협상에 대해 '광우병 괴담'을 앞세워 전방위적인 반정부 촛불시위를 주도하며 정부를 무차별적으로 공격했다. 과학적 근거 없이 '먹으면 뇌에 구멍이 생긴다'는 공포심을 퍼뜨리고, 고등학생과 시민들을 거리로 내몰며 국정의 정당성과 외교의 주권적 결정을 흔들었다. 심지어 미군의 한반도 주둔 자체를 문제 삼는 반미 정서까지 자극하며, 보수 정권의 외교·안보 기반을 정면으로 겨냥했다.

박근혜 정부 때도 마찬가지였다. 고고도미사일방어체계 사드(THAAD) 배치를 둘러싼 좌파의 반대는 극에 달했고, 성주 지역 주민들의 불안감을 의도적으로 부풀리며 '전자파에 튀겨진 성주참외'라는 조롱성 선동까지 자행했다. 일부 좌파 언론과 시민단체는 중국의 경제보복에 대해 침묵하거나 오히려 우리 정부의 대응을 탓하며, 국가 안보보다 반미·친중 프레임을 우선시하는 태도를 보였다. 뿐만 아니라, 국정교과서 논란과 최순실 사태를 정권 전체에 대한 체제 불신으로 몰아가면서, 합법적 통치 기반 자체를 부정했다.

윤석열 대통령이 취임한 순간부터, 좌파 진영은 거의 반사적으로 반대의 깃발을 들었다. 대통령의 정책이 무엇이든, 그것이 어떤 성과를 내든 상관없이 무조건적인 반대가 먼저였다. 그들은 국회 다수당이라는 힘을 이용해 대통령이 추진하는 핵심 예산을 대거 삭감했고, 29차례가 넘는 탄핵 시도를 집요하게 감행했으며, 김건희 여사를 겨냥한 음모론과 선동 프레임을 끊임없이 만들어냈다.

문제는 진보라는 우상을 앞세운 좌파들의 이같은 행위들이 '우리는 정의를 위해 싸운다'는 도덕적 명분으로 포장되었다는 점이다. 마치 국민을 위한 의로운 투쟁인 것처럼 말하지만, 그 이면을 들여다보면 이는 정당한 비판이 아니라, 오직 권력을 되찾기 위한 정치적 흠집 내기와 대중 선동일 뿐이었다.

정치적 적대감에 도덕이라는 가면을 씌우면, 그 공격은 사실 여부와 무관하게 사람들의 감정을 움직이고, 설득력을 얻는다. 논리보다 감성이 앞서게 되고, 사실을 바로잡으려는 목소리는 묻혀버린다. 문제는 이러한 메커니즘이 좌파 진영 내에서 거의 비판 없이 반복된다는 점이다. 내부에서조차 '이것이 과연 옳은가?'라는 질문이 나오지 않는다. 오히려 그들은 자신들의 행동을 '정의로운 싸움'으로 미화하며, 반대하는 모든 목소리를 적대 세력으로 규정해버린다. 결국, 이들의 반대는 대한민국을 더 나은 방향으로 이끌기 위한 고민에서 나온 것이 아니라, 자신들이 쥐고 있던 권력이 사라졌다는 위기감에서 비롯된 것이다. 그리고 그 위기감을 감추기 위해, 온갖 비이성적 선동과 도덕적 허위를 만들어내고 있는 것이다.

좌파는 자신들에 대한 비판을 '적폐 프레임'으로 돌려막으며, 오히려 피해자인 듯한 태도를 취한다. 검찰 수사는 정치보복, 언론의 문제 제기는 가짜뉴스, 교육에 대한 우려는 역사 왜곡, 외교 문제는 사대주의로 치환된다. 모든 논쟁이 정치화되고, 모든 정치가 도덕화되는 순간, 비판은 사라지고 분노만 남는다. 정치적 정당성은 도덕적 우월감에서 나와야 하는데, 그 도덕은 철저히 선택적으로 작동한다. 윤 대통령이 한미동맹을 강화하고 체코 원전 수주를 이끌었을 때, 좌파 언론은 이를 "대미 의존의 심화", "원전 마케팅의 실패"로 왜곡했다. 민노총의 불법파업에 단호하게 대응하자 "노동탄압"이라고 몰아세웠다. 아무리 선의를 가진 정책도, 좌파의 필터를 통과하면 '불의'가 된다. 이것이야말로 도덕의 독점이 만들어낸 왜곡된 인식의 결과다.

이러한 구조는 언론, 교육, 법조계에서도 그대로 반복된다. 진보 진영이 주도하는 언론은 자신들에게 유리한 서사는 확대하고, 불리한 진실은 삭제하거나 침묵한다. 교육계에서는 보수의 철학은 배제되고, 진보의 담론만이 진실인 것처럼 교육된다. 법조계에서도 이중기준은 드러난다. 윤 대통령에 대한 체포영장을 시도한 공수처의 '영장 쇼핑', 이재명 대표의 공직선거법 위반 1심 유죄 → 2심 무죄 판결의 모순, 이를 주도한 특정 판사들의 좌파성향 등은 모두 같은 구조를 따른다. 자기 진영의 범죄에는 침묵하거나 면죄부를 주고, 상대 진영의 작은 실수에는 징벌적 잣대를 들이대는 이중성. 그것이 '도덕적 진보'라는 이름으로 정당화된다면, 사회는 공정이 아니라 광신으로 향하게 된다.

정치란 원래 자기반성을 전제로 한다. 권력을 가진 쪽은 더 많은 책임을 져야 하며, 실책에 대해선 겸허히 반성하고 고쳐야 한다. 그러나 대한민국의 좌파는 이런 기본 원칙조차 받아들이지 않는다. 그들은 '우리의 실패는 시대의 저항'이고, '우리의 문제는 상대의 탄압 때문'이라는 식의 논리로 책임을 회피한다. 이처럼 자기반성이 결여된 정치 집단은 위험하다. 왜냐하면 오류를 교정하지 않고도 다음 단계로 나아갈 수 있기 때문이다. 잘못을 반복할 뿐 아니라, 그 반복을 정당화하는 서사를 만들어 낸다. 바로 그 서사가 대한민국을 반복된 혼란과 좌절로 이끌고 있다.

반면 보수는 완벽하지 않다. 실수도 있고, 오판도 있으며, 때로는 변화에 둔감한 순간도 있다. 그러나 자유우파는 책임을 회피하지 않는다. 비판을 감수하며 정책을 설명하고, 실패에 대해선 고개를 숙인다. 이승만 대통령이 6.25 전쟁의 혼란 속에서도 자유민주주의 체제를 지키려 했던 책임감, 박정희 대통령이 산업화의 고통을 감내하면서도 미래 세대를 위한 선택을 내렸던 결단, 윤석열 대통령이 국정의 혼란 속에서도 "국민의 목소리를 듣겠다"고 반복하며 책임을 강조했던 자세는 모두 보수가 품고 있는 책임 윤리의 표현이었다. 자유를 말하되 그 자유에 따르는 책임까지도 감내하는 정신, 그것이야말로 진짜 민주주의를 지키는 철학이다.

진보는 도덕을 외쳤지만, 그 도덕은 타인을 위한 칼날이었지 자신을 돌아보는 거울은 아니었다. 정의를 말하면서도, 그 정의는 권력을 얻기 위한 장식품이었고, 책임을 말하지 않았으며, 실패에 대해선 침묵했다. 도덕의 언어는 있었지만, 도덕의 실천은 없었다. 그 결과 대한민국은 선동이 정의를 대체하는 나라가 되었고, 자기반성 없는 권력은 무책임이라는 이름의 독재로 흐르기 시작했다.

도덕은 독점하는 것이 아니라 실천하는 것이다. 자기반성이 없는 도덕은 독선으로, 책임 없는 정의는 위선으로, 비판을 거부하는 선의는 폭력으로 바뀐다. 우리는 이제 묻고 판단해야 한다. 도덕을 말하는 자가 아니라, 도덕을 살아낸 자가 누구인지를.

제3장

진보의 허상

대한민국 좌파는 왜 변하지 않는가

자유를 잃은 평등은
정의가 아니다

진보는 언제나 변화를 말하지만, 대한민국의 진보는 그 변화에 책임지지 않았다. 복지를 말하며 포퓰리즘에 빠졌고, 평등을 외치며 자유를 억압했으며, 북한을 이해한다며 안보의 기둥을 허물었다. 그들은 시장을 불신했고, 성장을 혐오했으며, 현실보다 감정과 이념을 앞세웠다. 결국 진보는 이상을 현실로 만들지 못한 채, 민생을 파괴하고 공동체의 균형을 무너뜨리는 실패를 반복해왔다.

이 장은 대한민국의 진보가 왜 체제를 흔들 수밖에 없는지, 그리고 그들이 말하는 정의가 어떻게 국민의 자유를 억압하고 체제전쟁을 부추겼는지를 보여준다. 자유를 잃은 평등은 정의가 아니라, 또 다른 형태의 체제적 억압일 뿐이다.

제3장

3.1 복지냐 포퓰리즘이냐: 진보정책의 실패

복지국가. 진보정권이 집권할 때마다 어김없이 등장하는 이 단어는 마치 정의롭고 따뜻한 사회를 약속하는 마법의 구호처럼 들린다. "국가가 책임지겠다", "모든 국민에게 최소한의 삶을 보장하겠다", "함께 사는 사회를 만들겠다"는 말들은 국민의 감성을 자극하고, 정책에 대한 기대를 부풀린다. 그러나 그 말들이 실제로 정책으로 구현되었을 때, 대한민국의 진보정권은 과연 그 약속을 책임졌는가? 진정으로 정의롭고 지속 가능한 복지였는가?

문재인 정부 시절, 대한민국은 사상 유례없는 규모의 복지 지출을 경험했다. 아동수당, 청년수당, 긴급재난지원금, 기초연금 확대, 기초생활보장 확대 등 현금성 복지정책이 쏟아졌고, 모든 국민에게 직접 혜택이 돌아가는 이른바 보편 복지가 대세가 되었다. 문제는 이 모든 정책이 선거 직전의 정치적 타이밍에 맞춰 설계되었고, 장기적인 지속 가능성이나 재정 건전성에 대한 고려 없이 집행되었다는 점이다. 특히 2020년 총선을 앞두고 전 국민을 대상으로 4인 가구 기준 100만 원의 긴급재난지원금을 지급하겠다고 약속하며 "선거에서 이기면 지급하겠다"는 취지로 발언했을 때, 이는 단지 선심성 복지를 넘어 포퓰리즘의 극단을 보여준 사례였다. 결국 집권 여당은 선거에서 압승했고, 국민의 고통을 나누겠다던 복지정책은 실상 표를 얻기 위한 정치적 도구였다는 비판이 제기됐다.

이처럼 진보정권의 복지정책은 명분은 국민이었지만, 실체는 지지층 결집과 선거용 포퓰리즘에 가까웠다. 복지란 단순히 무언가를 "주는 것"이 아니다. 그것은 지속 가능한 제도적 구조 안에서, 사회적 약자가 스스로 설 수 있도록 돕는 시스템이어야 한다. 그러나 진보정권은 복지를 정치의 언어로 소비했고, 그 결과 재정은 급속히 악화되었으며, 복지를 통해 자립하기보다 복지에 의존하게 된 국민들이 늘어났다.

특히 지방정부에서 시행된 복지 실험들은 이러한 포퓰리즘의 속성을 더욱 노골적으로 드러냈다. 박원순 서울시장의 청년수당, 이재명 경기도지사의 기본소득 정책은 그 대표적 사례다. 두 정책 모두 '청년의 자립을 돕는다'는 명분을 내세웠지만, 실상은 정책 설계의 정당성과 효율성에 대한 공론화조차 거부한 채 무조건적 현금 살포를 정당화하는 방식이었다. 박 시장의 청년수당은 아무 조건 없이 현금을 지급함으로써 정책적 성과를 포장했고, 이재명 지사의 기본소득은 '모두에게 공평

하게 나눠준다'는 구호 아래 정치적 충성도를 높이는 수단으로 작용했다.

이러한 정책들은 단기적으로는 일부 수혜자들에게 호응을 얻었지만, 장기적으로는 노동시장에 부정적 영향을 미치고, 복지 대상자의 선별 없이 마구잡이로 돈을 뿌리는 방식으로 변질되었다. 실질적으로 도움이 필요한 계층에는 충분한 지원이 돌아가지 못했고, 그 대가는 재정 악화, 근로 의욕 저하, 복지 시스템에 대한 국민 신뢰의 붕괴로 이어졌다. 복지가 진정한 공동체의 안전망이 아닌, 권력을 위한 매표수단으로 전락한 것이다.

그 결과, 대한민국은 짧은 시간 안에 복지 지출이 OECD 상위권에 진입했지만, 복지 사각지대는 여전했고, 빈곤 탈출률은 오히려 악화되었다. 국가는 더 많은 예산을 투입했지만, 국민은 더 가난해졌고, 자립이 아닌 의존이 늘어났다. 복지란 국민의 존엄을 지키는 장치여야 하지만, 정치화된 복지는 오히려 자존을 떨어뜨리고, 생산성과 윤리를 무너뜨리는 기제가 된다.

복지와 포퓰리즘의 차이는 분명하다. 핵심은 '지속 가능성'과 '자립 가능성'이다. 진짜 복지는 국민이 스스로 일어설 수 있는 기반을 만들고, 미래 세대가 더 나은 삶을 누릴 수 있도록 현재 세대가 책임지는 구조를 만든다. 반면 포퓰리즘은 오늘의 표를 얻기 위해 미래의 자산을 소진하고, 국민을 권력에 종속시키며, 결국 국가와 개인 모두를 가난하게 만든다.

그렇다고 보수가 복지를 외면해왔던 것은 아니다. 이승만 대통령은 건국 초기에 한정된 자원 속에서도 교육과 기초생활 기반을 국가가 책임지는 사회적 장치를 마련하려 했고, 박정희 대통령은 농어촌 의료보험과 자조조직 육성을 통해 생산과 복지의 균형을 꾀했다. 이명박 정부 시절에는 기초노령연금이 도입되어 고령층의 생활안정을 위한 제도 기반을 마련했고, 박근혜 정부는 '맞춤형 복지'와 기초생활보장제도 개편을 통해 복지의 틀을 전면 재설계했다. 이들은 모두 '기회의 평등'과 '자립 가능한 복지'를 원칙으로 삼았으며, 현금살포가 아닌 환경 조성, 시혜가 아닌 자율을 중시했다. 국가는 국민의 삶을 대신 살아주는 주체가 아니라, 국민이 삶의 주인이 되도록 도와주는 조력자여야 한다는 철학이 담겨 있었다.

이러한 보수적 복지 철학은 시대마다 구체적 방식은 달랐지만, 일관된 원칙으로 이어져왔다. 윤석열 정부 역시 이 철학을 계승해 "약자와의 동행"을 국정 기조로 삼고, 단순한 재분배가 아닌 자립을 위한 환경 조성에 방점을 두었다. 부양의무자 기준을 완화해 복지 사각지대를 줄였고, 청년들에게는 단순한 현금 지원이 아닌 근로와 저축을 동시에 장려하는 청년도약계좌를 도입했다. 방만하게 운영되던 건강보험과 연금 제도 개혁도 시도했으며, 재정 건전성 회복을 위한 원칙적 접근도 명확히 밝혔다. 윤석열 정부의 복지는 국민을 단순한 보호 대상이 아닌, 스스로 서는 주체로 보는 보수주의의 전통적 관점 위에 서 있었다.

진보는 언제나 "우리는 선의로 했다"고 말한다. 그러나 복지는 선의만으로 지속되지 않는다. 제도적 기반, 재정적 균형, 책임 있는 운영 없이는 결국 실패한다. 이승만의 책임 정신, 박정희의 생산적 국가관, 박근혜의 복지 구조 개편, 윤석열의 자립 기반 복지는 보수주의가 복지를 어떻게 설계해왔는지를 보여주는 역사적 궤적이다. 복지를 복지답게 만드는 힘은 감성이 아닌 이성이고, 무책임이 아닌 책임이며, 선심이 아닌 지속 가능성이다.

지금 대한민국의 복지는 국민을 더 자유롭게 만들었는가, 아니면 권력의 종속으로 몰아갔는가. 이제는 분명히 물어야 할 때다. 진짜 복지는 무엇이며, 국민이 진정으로 원하는 것은 무엇인가. 우리는 더 이상 '진보'라는 이름 뒤에 숨어 책임을 회피하는 포퓰리즘에 면죄부를 줄 수 없다. 자유와 책임, 지속 가능성과 자립 가능성. 이것이야말로 보수가 말하는 진짜 복지의 이름이다.

3.2 종북의 망령: 왜 진보는 북한에 약한가

한국 정치에서 오랫동안 반복된 기이한 현상이 있다. 그것은 진보라는 이름을 내건 세력들이 정작 가장 반인권적이고 반민주적인 전체주의 국가인 북한에 대해서는 유독 침묵하거나, 오히려 관대한 태도를 보인다는 점이다. 북한은 3대 세습 독재를 이어온 세계 유일의 공산 세습국가이자, 주민 감시와 공개 처형, 정치범 수용소와 사상 통제, 표현의 자유 부정 등 거의 모든 면에서 인류의 자유와 정의를 유린하는 체제다. 그런데도 대한민국의 진보 진영은 북한에 대한 정당한 비판을 꺼리고, 오히려 '평화', '대화', '민족 공조'라는 말로 그 실체를 흐리려 든다.

도대체 왜 진보는 북한에 약한가. 이 질문은 단순한 이념 비판이 아니라, 대한민국의 정체성과 안보, 더 나아가 자유민주주의 체제의 미래에 대한 근본적인 성찰이다. 대한민국은 헌법적으로 자유민주주의와 시장경제를 기초로 하는 국가이고, 북한은 이를 정면으로 부정하는 전체주의 국가다. 그렇다면 최소한 헌법의 정신에 충실한 정치세력이라면 북한에 대해 명확하고 단호한 태도를 취하는 것이 상식이다. 그러나 진보 진영, 특히 지난 수십 년간 정치·언론·교육계를 장악한 좌파는 이상하리만치 북한에 대해 관대하다. 그리고 그 관대함은 무지나 착오 때문이 아니라, 뿌리 깊은 이념적 동조와 정서적 동일시, 그리고 정치적 이해관계의 산물이다.

이 현상을 제대로 이해하려면, 1980년대 운동권 내부의 이념 지형을 먼저 들여다봐야 한다. 당시 운동권은 NL(National Liberation, 민족해방) 계열과 PD(People's Democracy, 민중민주) 계열로 나뉘었다. 이 중 NL 계열은 북한의 주체사상을 사실상 자신들의 이념적 기반으로 받아들였다. 그들은 대한민국을 '미 제국주의의 식민지'로 규정하고, 진정한 해방은 북한식 사회주의 혁명을 통해서만 가능하다고 믿었다. 그들에게 대한민국은 '친일·친미 기득권이 세운 반민족 국가'였고, 북한은 '자주와 민족 주체성이 살아 있는 해방구'였다.

특히 1980년 광주민주화운동 이후, 이 흐름은 더욱 급진화되었다. 국가폭력은 체제 전복의 정당성을 부여했고, 국가 자체에 대한 불신은 전면화되었다. 이에 따라 북한에 대한 동정과 동일시, 자본주의에 대한 적대감은 운동권 전체를 지배했다.

일부 조직은 김일성의 주체사상에 심취한 이른바 '주사파'로 분류되며, 북한식 사회주의를 대안으로 여겼다.

이 정서는 민주화 이후 제도권에 진출한 NL 세력에 의해 그대로 이어졌다. 이들은 정치권뿐 아니라 언론과 교육계, 시민사회 전반으로 확산되었고, 북한에 대한 관용과 동정은 문화적 코드로 제도화되었다.

이러한 흐름은 노무현 정부와 문재인 정부에 이르러 정부의 공식 기조로 자리 잡는다. '햇볕정책'은 '한반도 운전자론'과 '민족 공존'으로 진화했고, 안보 약화 조치들이 '평화'라는 이름으로 포장되었다. 특히 문재인 정부는 김정은을 '위대한 수령'처럼 대우하고, 군의 감시 체계를 스스로 해체한 9·19 군사합의를 단행했으며, 서해 공무원 피격 사건 앞에서도 북한에 대한 진상조사와 항의를 회피했다.

북한에 대한 관대함은 언론과 문화계에서도 반복된다. 북한 정권의 실상을 보도하지 않고, '미사일 도발'을 '미사일 발사'로 순화하며, 북한 인권 문제에 대한 보도는 축소된다. 반면 대북전단에는 과도한 비난이 집중된다. 언론이 사실 전달의 수단이 아니라 특정 이념을 퍼뜨리는 선동의 매체로 전락했다는 비판은 여기서 비롯된다.

문화계 역시 북한을 미화하고 대한민국 체제를 비판하는 경향이 강하다. 영화, 연극, 문학 모두 북한을 '억압받는 민족국가'

로, 대한민국을 '신자유주의의 병든 자화상'으로 묘사하며, 북한 주민과 정권을 구분하지 않은 채 전체주의 체제를 정당화하려는 오류에 빠진다. 감성의 언어는 진실을 가리고, 자유우파의 목소리는 차단된다. 문화와 표현의 자유는 선동으로 왜곡되며, 체제의 정당성은 흔들린다.

이처럼 진보 진영은 북한을 현실로 직시하지 못하게 만들고, 대한민국의 안보 체계를 감성적 언어로 해체하려 한다. 대표적인 사례가 바로 '주적 개념 삭제'다. 김대중 정부 이후 군의 주적 개념은 국방백서에서 사라졌고, 문재인 정부는 아예 북한이라는 단어 자체를 배제했다. 이는 군의 작전 계획과 전투태세를 혼란에 빠뜨렸고, 실질적인 안보 능력을 약화시켰다.

이러한 안보 해체는 군사 분야에만 그치지 않았다. 안보 교육에서는 북한에 대한 비판이 제거되고, 북한은 '같은 민족'으로 포장된다. 사상교육은 북한 정권에 대한 객관적 비판을 배제하며, 대한민국 내부 문제만을 부각시키는 방향으로 흘러갔다. 국민의 생명과 자유가 위협받는 상황에서도 진보 정권은 침묵으로 일관하며, 북한의 심기를 건드리지 않는 것이 국가 안보보다 우선이라는 신호를 보냈다. 이는 헌법적 책무의 방기이며, 국가의 정체성과 생존을 위협하는 체제 해체의 정치였다.

그렇다면 왜 진보는 북한에 약한가.

첫째, 감성적 민족주의에 사로잡혀 있다. 같은 민족이라는 이유로 북한 주민과 정권을 구분하지 못하고, 인권과 자유를 희생시키는 모순된 선택을 해왔다.

둘째, 반미 정서를 정치적 정체성의 근거로 삼으며, 북한을 '제국주의에 맞서는 민족적 저항'으로 착각한다.

셋째, 북한을 현실 정치의 이미지 재료로 소비하면서, 위기를 정치적 기회로 바꾸려는 전략을 반복해왔다.

넷째, 대한민국 체제에 대한 자부심과 확신이 부족하다. 대한민국을 기득권의 잔재로 인식하며, 자유민주주의의 정통성을 부정하는 그들은 북한을 비교 대상이자 대안처럼 받아들인다.

이러한 구조는 종북이라는 단어를 단순한 과거의 유물이 아니라, 여전히 작동하는 현재의 체제 위협으로 만든다. 종북은 이제 '북한을 찬양한다'는 노골적 표현 대신, '북한을 비판하지 않는다'는 침묵으로 변형되어 나타난다. 감성의 언어로 진실을 덮고, 중립의 외피로 헌법의 원칙을 해체하며, 결국 자유대한민국의 정체성을 위협한다.

진보는 자유를 말하지 않는다. 그들은 책임도 말하지 않는다. 총구 앞에서 침묵하며, 헌법의 가치 앞에서 물러섰던 그들이 말하는 '평화'는 허상이다.

북한에 관대하고 보수에 가혹한 진보는 과연 누구를 위한 정치인가. 그들의 정치가 지키는 것은 평화인가, 권력인가. 그들이 외치는 '진보'라는 말은, 자유를 위한 희망인가, 자유를 해체하려는 우상인가.

북한에 대한 태도는 단순한 외교나 안보의 문제가 아니다. 그것은 체제전쟁의 한복판에 선 자유민주국가 대한민국이 어떤 이성을 지킬 것인가의 문제다. 이제 우리는 더 이상 외면할 수 없다. 진짜 평화는 진실을 직시할 때에만 가능하고, 국민의 생명과 자유를 지키려는 단호한 책임에서 시작된다. 그 길 위에 서 있는 이는, 오직 자유우파일 뿐이다.

3.3 자유를 잃은 평등은 정의가 아니다

자유와 평등. 이 두 단어는 우리가 민주주의라 부르는 정치 체제가 지닌 가장 근본적인 가치다. 자유는 개인이 자기 삶의 주인이 될 수 있는 권리이며, 평등은 그 자유를 실현하는 데 있어 출발선의 불공정을 교정하고, 기회의 균형을 맞추기 위한 공동체의 약속이다. 민주주의는 이 두 가치 사이의 끊임없는 긴장과 조율을 통해 성숙해왔다. 하지만 이 균형은 결코 자동으로 주어지지 않는다. 한쪽 가치가 과도하게 강조되거나, 다른 한쪽이 무시될 때 사회는 본래의 궤도에서 이탈하기 시작한다. 특히 현대 정치에서 '평등'이라는 이름은 자주 도덕적 명분으로 포장된 정치적 도구로 변질되곤 했다. 그 명분은 강력했고, 그래서 비판받지 않았으며, 결국 그늘 아래에서 자유는 점점 숨을 잃었다.

진보좌파 진영은 언제나 '평등'을 전면에 내세운다. 성별, 연령, 지역, 소득, 신체 조건, 노동 형태, 출신 배경 등 다양한 격차를 불평등으로 규정하고, 그 불평등을 교정하기 위해 국가가 적극 개입해야 한다고 주장한다. 그러나 이 평등은 대체로 결과의 평등, 즉 '최종 상태의 균질화'를 지향하는 경향이 강하다. 이는 출발선에서의 기회를 맞추려는 것이 아니라, 도착점에서의 결과를 같게 만들려는 시도로, 결국 개인의 선택과 노력, 경쟁의 결과까지 국가가 조정하려는 전체주의적 위험으로 흘러가기 쉽다. 평등이라는 이름 아래 자유는 감시되고, 창의는 억제되며, 개인의 책임은 외면된다.

좌파정권 하에서 실행된 여러 정책들은 이 위험을 실질적으로 증명했다. 급격한 최저임금 인상은 자영업자와 중소기업을 위기로 몰았고, 공공기관 정규직 전환은 청년층의 공정 경쟁 기회를 박탈했다. 대기업 규제와 일방적인 부동산 세금 강화는 시장을 왜곡했고, 성별·계층별 할당제는 노력한 이들의 박탈감을 심화시켰다. 이러한 정책들은 '불평등 해소'라는 명분 아래 추진되었지만, 정작 시장은 붕괴되고 일자리는 사라졌으며, 국민의 역차별 정서는 점점 고조되었다. 진보가 추구했던 평등은 선의는 있었지만 자유에 대한 고려가 없었고, 그 무게는 사회의 활력과 자율성, 창의성 위에 덧씌워졌다.

여기서 우리는 반드시 질문해야 한다. 평등은 무엇을 위한 것인가? 평등은 누구의 자유를 지키는가? 진정한 자유란 단지 하고 싶은 대로 하는 방임이 아니다. 그것은 책임과 질서, 공동체와 법의 테두리 안에서 실현되는 개인의 선택권이다. 그리고 그 선택권이 온전히 발휘되기 위해선, 국가가 개인의 삶에 과도하게 개입하거나, 정치가 결과를 통제하려 해서는 안 된다. 개인의 선택은 실패할 수도 있지만, 그 실패조차 존중되어야 할 자유의 일부다. 실패를 회피시키기 위해 국가가 개입할수록, 사회는 점점 균질하고 무기력한 구조로 퇴화한다.

바로 이 지점에서 보수가 지향하는 자유의 철학이 살아난다. 보수는 자유를 단지 경제적 효율의 수단으로 보지 않는다. 보수는 자유를 인간 존엄의 실천이자 자율성과 책임의 기반으로, 공동체 질서의 근간으로 여긴다. 누군가의 삶을 국가가 대신 살아줄 수 없기에, 개인의 자율성을 최대한 존중하고 그 선택의 결과에 대해 책임지도록 하는 것이 가장 인간다운 정치라고 믿는 것이다. 자유란 책임의 다른 이름이며, 개인이 사회에 기여하는 방식이다. 그래서 보수가 말하는 자유는 단순한 경쟁이 아니라, '기회의 자유'이다.

보수가 강조하는 자유는 기회의 공정함, 출발선의 정직함, 결과에 대한 책임을 함께 담고 있다. 불공정한 출발선은 분명 시정되어야 하지만, 결과를 인위적으로 조정해서는 안 된다. 사회는 다양한 능력과 선택을 가진 사람들이 서로 공존하는 구조이며, 그 다양성 위에 창의성과 성장, 사회적 활력이 꽃핀다. 모든 사람에게 '평등한 결과'를 강요하는 순간, 창의는 죽고, 노력은 무력해지며, 동기와 책임의 문화는 사라진다. 평등은 목표가 아니라 수단이며, 자유가 작동할 수 있는 공간을 넓혀주는 보조선이어야 한다.

보수는 복지에 결코 무관심하지 않다. 그러나 보수의 복지는 의존을 강화하는 복지가 아니라, 자립을 돕는 복지다. 특혜가 아니라 기회를 제공하는 복지이며, 국가는 국민이 다시 설 수 있는 사다리를 제공해야 한다는 철학을 바탕에 둔다. 이명박 정부의 '기초노령연금', 박근혜 정부의 '맞춤형 복지', 윤석열 정부의 '청년도약계좌'는 이러한 철학의 실천 사례다. 모두가 누리는 복지가 아니라, 실질적 도움이 필요한 이들이 자립의 계단을 오를 수 있도록 돕는 복지였다. 이것이 바로 자유를 중심에 둔 복지 철학이며, 보수가 약자를 진심으로 생각하는 방식이다.

자유는 또한 국가 권력이 가지는 유혹으로부터 국민을 보호하는 가장 효과적인 방어선이다. 국가는 언제든 '정의'와 '평등'이라는 이름으로 개입을 확대하려 한다. 그 순간 자유는 쉽게 침해당하고, 민주주의는 권위주의로 이행할 수 있다. 이 위험을 방지하는 유일한 길은, 자유에 대한 확고한 신념과 그것을 지켜내는 시민의 의지다. 법은 정당성을 유지할 때 힘을 갖고, 권력은 절제 위에서만 존중된다. 자유는 그런 질서의 전제가 되는 가치다.

그러나 진보는 종종 자유를 경계한다. 그들은 자유를 기득권의 방패쯤으로 여기고, 이를 깨뜨리기 위한 수단으로 평등을 내세운다. 그러나 그 믿음이 극단으로 흐를 때, 저들이 옹호하는 평등은 '다름'을 억누르는 폭력이 되고, 보수가 지키고자 하는 자유는 특권자의 궤변으로 몰려 공격의 대상이 된다. 사회가 원칙과 법 대신 감정과 선동에 끌려가면, 책임지지 않는 선의(善意)는 '정의'라는 가면을 쓴 폭력으로 돌변한다. 그것은 정의가 아니라 파괴다.

결국 진보가 주장하는 평등은 자유를 짓밟고, 질서를 무너뜨리며, 공동체를 위선과 무질서의 늪으로 밀어 넣는다. 자유 없는 평등은 정의가 아니라, 억압의 또 다른 이름일 뿐이다. 진보가 평등의 이름으로 만든 것은 정의가 아니라, 오히려 전체주의적 통제와 선동 정치였다. 그 결과는 공동체의 활력 약화,

국민 간의 갈등 증폭, 그리고 자유민주주의 체제 자체에 대한 불신으로 이어졌다. 평등이 본래 목적을 넘어 체제를 뒤흔드는 무기가 될 때, 그것은 정치의 언어가 아니라 이념의 독이 된다.

자유 없는 평등은 억압이 되고, 평등 없는 자유는 방종이 된다. 우리 사회가 진정으로 지향해야 할 것은 자유 위에 세워진 평등, 즉 책임 있는 자유와 자율을 존중하는 공정한 분배다. 보수는 바로 그 균형을 지켜내려는 정치다. 자유를 지켜야 한다는 말은, 결코 가진 자를 위한 변명이 아니다. 그것은 국민 모두가 스스로의 삶을 설계하고 선택할 수 있는 가장 인간적인 공간을 지키자는 말이다. 그리고 그 공간을 지켜내는 일이야말로, 지금 우리가 보수의 이름으로 반드시 감당해야 할 가장 근본적인 책무일 것이다.

3.4 진보정권 하의 민생 파괴와 시장의 붕괴

진보는 언제나 약자를 말하지만, 그들이 약자를 어떻게 대했는지를 살펴보면 그 말은 허울뿐이었다. 진보좌파 정권이 내세운 경제정의는 실상, 이념적 구호였을 뿐이며, 민생은 그들의 실험 대상으로 전락했고, 시장은 국가 통제라는 이름 아래 지속적으로 억눌렸다. 문재인 정부 5년은 그 전형이었다. 소득주도성장, 급격한 최저임금 인상, 근로시간 단축, 탈원전 정책, 부동산 시장 개입 — 이 모든 것이 '정의'의 이름으로 추진되었지만, 그 결과는 정반대였다. 서민의 일자리는 사라졌고, 청년의 기회는 줄었으며, 자영업은 붕괴했고, 집값은 폭등했다. 시장은 혼란에 빠졌고, 국가는 실패를 반복했다.

진보정권은 처음부터 시장을 불신했다. 자본주의에 대한 혐오와 불평등 해소라는 구호는, 곧 시장의 자율성과 유연성을 억압하는 수단이 되었다. 정부가 앞장서 임금을 정하고, 기업 경영에 개입하며, 경제의 방향을 설계하려 했으나, 경제는 이념이 아니라 현실이라는 기본 진리를 무시한 채 이뤄진 정책들은 필연적으로 실패로 귀결되었다. 그리고 그 실패의 비용은 언제나 가장 약한 이들에게 전가되었다.

최저임금 인상은 그 대표적 사례였다. 문재인 정부는 2017년부터 단 2년 만에 최저임금을 29% 넘게 인상했다. '노동자의 인간다운 삶'이라는 명분은 강력했지만, 그것이 현실과 조화를 이루지 못했을 때, 정의는 폭력이 된다. 영세 자영업자와 중소기업은 인건비 급증을 견디지 못했고, 아르바이트와 단기 일자리는 사라졌다. 청년층은 "최저임금은 올랐지만 일자리는 줄었다"며 절규했고, 노년층은 실직하거나 시간 단위로 쪼개진 일자리를 감당해야 했다. 결과는 명백했다. 약자를 위한다는 정책이 오히려 약자에게 가장 큰 고통을 안겼다.

근로시간 단축 역시 본래의 취지를 실현하지 못한 채, 이념적 실험으로 전락했다. '주 52시간제'는 삶의 질 향상을 위해 도입되었지만, 탄력근무제 도입 없이 일률적으로 강행되면서 중소기업과 제조업 현장은 혼란에 휩싸였다. 인력을 추가 고용할 여력이 없는 기업은 기존 인력을 감축하거나 비정규직으로 대체했고, 노동자들은 근로시간은 줄었지만 소득도 줄어드는 이중고를 겪어야 했다. 정책은 인간을 위한다고 했지만, 이념이 인간을 짓밟았다.

가장 파괴적인 정책은 부동산 시장에 있었다. 문재인 정부는 28번이 넘는 대책을 내놓으며 '집값은 반드시 잡는다'고 장담했지만, 현실은 정반대로 흘렀다. 규제는 강화되고, 세금은 늘었으며, 공급은 줄었다. 결과적으로 주택 가격은 사상 최고치를 경신했고, 무주택 청년과 서민은 내 집 마련의 꿈에서 더 멀어졌다. "소득보다 부모의 자산이 인생을 결정짓는다"는 청년들의 체념은 이 시기에 가장 분명히 드러났다. 평등을 말했던 정권이 자산 격차를 더 벌려놓은 것이다.

탈원전 정책은 비이성적 결정의 정점을 보여주었다. 전 세계가 탄소중립을 위해 원자력 발전을 재평가하던 시기에, 대한민국은 세계 최고 수준의 원전 기술을 포기하며 탈원전을 밀어붙였다. 국민적 논의도, 기술적 검토도 없이 이루어진 이 결정은, 월성 1호기 경제성 조작이라는 스캔들로까지 번졌고, 우리나라 에너지 체계 전반을 위기에 몰아넣었다. 전기요금은 상승했고, 산업계는 경쟁력을 잃었으며, 탄소 배출은 오히려 늘어났다. 환경을 외친 정책이 환경을 더 해쳤다. 진보의 구호는 늘 '선의'였지만, 현실은 무책임이었다.

재정정책 또한 포퓰리즘의 틀을 벗어나지 못했다. 문재인 정부는 대규모 재정을 동원해 고용을 창출하고 복지를 확대했지만, 민간 성장 대신 공공 주도의 단기 지출에 머물렀다. 비정규직의 무리한 정규직화, 공공기관의 인건비 부담 증가, 실효성 없는 단기 일자리 사업은 모두 '숫자'를 위한 행정이었다. 그 결과 2017년 660조 원 수준이던 국가채무는 2021년 970조 원을 돌파했고, 미래세대가 감당해야 할 재정위험은 폭증했다. 진보는 미래를 빚져가며 현재의 인기를 사들였고, 그것은 민생을 위한 정치를 가장한 체제 파괴였다.

그들이 말한 '사람 중심' 경제는 실제로는 '이념 중심' 경제였다. 민생은 포퓰리즘 정책의 실험장이 되었고, 시장은 정부 권력의 도구로 변질되었다. 자유와 책임의 균형 위에서 작동해야 할 시장경제는 억눌렸고, 그 결과 경제는 활력을 잃었으며, 국민은 무기력에 빠졌다.

시장경제는 감정으로 움직이지 않는다. 통치자는 도덕을 말할 수 있지만, 시장은 신뢰와 예측 가능성, 자유와 자율이라는 철저히 체제적 기반 위에서만 움직인다. 진보정권은 시장을 통제하려 했고, 그 결과는 예외 없이 실패였다. 실패한 이념은 국민에게 고통을 전가했고, 그 고통은 서민의 장바구니, 청년의 주거, 자영업자의 폐업률로 나타났다.

보수는 자본가의 이익만을 대변하지 않는다. 보수는 시장의 자생력과 회복력, 국민의 창의성과 자율성을 신뢰한다. 국가는 조정자이지 주체가 되어서는 안 되며, 정치가 모든 것을 설계하려 할 때, 민생은 정치의 하위개념으로 전락하게 된다. 시장은 완벽하지 않지만, 정부의 실패보다 덜 잔혹하다. 그래서 보수는 언제나 시장의 자유를 우선한다.

보수가 말하는 민생이란, 국민이 자기 삶을 스스로 설계할 수 있는 공간을 지키는 것이다. 정부가 모든 것을 대신하겠다는 약속이 주는 달콤함은 잠시뿐이고, 그 결과는 국민을 더욱 의존적으로 만들 뿐이다. 자유가 없는 평등은 억압이 되듯, 자율 없는 복지는 결국 타율로 흐른다. 진짜 민생은 시장의 자율성과 국민의 책임, 그리고 그 위에 세워진 국가의 절제에서 비롯된다.

그런 점에서 윤석열 정부의 출범은 시장에 대한 신뢰 회복의 전환점이었다. 규제 일변도의 방향을 되돌리고, 공급 확대와 민간의 역할을 인정하는 자유시장적 접근이 다시 논의되기 시작했다. 공공이 주도하고 국가가 설계하던 시장 정책은, 민간의 자율성과 예측 가능성을 중시하는 방향으로 조정되었고, 이는 곧바로 투자와 소비 심리에 긍정적 신호를 주었다. 이명박 정부가 실용을, 박근혜 정부가 맞춤형 복지를, 윤석열 정부가 시장 신뢰 회복을 각각 우선한 것은 시대는 달랐지만 모두 보수의 '책임 있는 경제철학'이라는 공통 기조 위에 있었다. 시장은 바로 그 일관성에서 안정을 찾는다.

진보는 시장을 망가뜨리고도 민생을 말하려 한다. 그러나 망가진 체제 위에 진정한 민생은 존재할 수 없다. 시장을 신뢰하지 않는 정권은 국민의 삶도 신뢰하지 않는다. 책임을 회피한 정치, 감성에 기댄 경제는 언제나 대가를 요구하며, 그 대가는 반드시 국민이 치르게 되어 있다. 자유를 지키는 체제, 자율을 존중하는 경제, 그것이 민생을 지키는 유일한 길이다. 그 길의 중심에 자유우파 보수가 서 있다.

3.5 전 세계가 경계하는 좌파, 왜 한국만 환영하나

세계는 변하고 있다. 한때 진보의 이름으로 포장되었던 급진적 정책들, 분배 중심의 포퓰리즘, 기득권 타파를 외치며 추진된 좌파적 실험들이 서구 사회에서 하나둘씩 폐기되고 있다. 특히 2020년대를 지나면서 미국, 유럽, 일본 등 주요 자유민주주의 국가들은 오히려 '좌파의 위험'을 경계하고, 자유·시장·안보를 중시하는 우파적 기조로 돌아서고 있다.

그 이유는 분명하다. 좌파가 말했던 평등은 성장과 활력을 갉아먹었고, 그들이 말한 정의는 사회를 이념의 전장으로 만들었으며, 그들이 내세운 도덕성은 현실을 외면한 자기기만으로 드러났기 때문이다. 결국 유권자들은 혼란과 파괴를 경험한 뒤에야, 다시 자유와 책임의 언어로 귀환하고 있다.

그러나 이 세계적 흐름과는 다르게, 대한민국은 여전히 좌파 담론에 가장 관대하고, 좌파 이념에 가장 열려 있는 국가 중 하나다. 도대체 왜 대한민국만이 세계와 정반대의 방향을 걷고 있는가? 그 이유를 이해하기 위해선 한국 좌파의 정체성과 전략, 그리고 이 사회가 그들을 왜 여전히 수용하는가에 대한 깊이 있는 분석이 필요하다.

미국의 경우, 오바마 정부 이후 진보적 정체성 정치가 강화되면서 인종, 젠더, 환경, 복지 등을 둘러싼 갈등이 심화되었다. 그러나 바이든 행정부에 들어서 좌파의 정체성 정치가 중산층의 불만과 반작용을 일으키며, 미국 내 우파는 다시 힘을 얻고 있다. 특히 플로리다, 텍사스 등 공화당 주지사들이 주도하는 지역에서는 교육, 규제, 세금 정책에서 자유주의적 방향으로 전환하고 있다. 여기에 더해, 2025년 출범한 트럼프 2기 행정부는 미국을 다시 위대하게(Make America Great Again, MAGA) 만들겠다는 기치 아래, 대중주의적 우파 정치를 보다 공세적으로 재정비하고 있다. 이들은 중국의 패권 도전과 급진 좌파의 확산을 미국의 국가안보에 대한 실질적 위협으로 규정하며, 군사력 강화, 국경 통제, 에너지 자립, 자국 우선주의 등 현실 기반의 보수 정책들을 강력히 추진 중이다. 이러한 흐름은 미국 우파가 과거의 수세적 태도를 넘어, 적극적이고 조직화된 자유보수 운동으로 전환하고 있음을 보여준다.

유럽 역시 마찬가지다. 스웨덴, 독일, 프랑스 등 전통적인 복지국가들에서도 좌파 포퓰리즘은 재정 위기, 이민 갈등, 사회 통합 실패로 비판 받고 있으며, 실용주의적 중도보수나 우파 정당이 연이어 집권하고 있다. 일본은 아예 좌파 정치가 실종될 정도로 자유시장과 안보 중심의 현실주의 정치가 주도하고 있고, 대만, 호주 등 동아시아 자유진영 국가들도 중국의 영향력 공작이 가져온 위기의식 속에서 우파 정당 중심의 국가 운영이 강화되고 있다.

이처럼 세계는 지금, 이념적 과잉에서 벗어나 '현실적 자유'를 선택하는 흐름에 올라서고 있다. 하지만 한국은 여전히 586세대 좌파가 주도하고 있는 문화·정치 지형 안에서, 과거 운동권 프레임과 진보 이념이 도덕적 우위를 점하는 구조를 유지하고 있다.

한국에서 좌파가 여전히 강한 이유는 단순하지 않다. 그들의 이념적 정체성이 국민에게 제대로 평가받지 않아서가 아니다. 문제는 좌파의 실패조차 평가되지 못하도록 만들어진 구조에 있다. 그 핵심은 1980년대 민주화 운동의 도덕적 기억을 좌파가 독점했다는 점이다. '우리가 민주화를 이뤘다'는 자부심은 곧 '우리가 정의롭다'는 자기 신화로 이어졌고, 이 신화는 선거, 정책, 언론, 교육을 뚫고 사회 전반에 문화적 우위를 형성하게 만들었다.

또한 좌파는 권력을 정치가 아닌 문화의 영역에서 장악했다. 언론, 출판, 방송, 예술, 교육, 시민단체 등 사회의 정신적 지배영역을 선점하면서 '보수는 낡고 타락했으며, 진보는 새롭고 정의롭다'는 서사를 반복해왔다. 그 결과, 국민의 감각 자체가 좌파적 언어와 가치에 익숙해졌고, 자유와 책임, 질서와 전통이라는 보수적 담론은 낡은 것으로 비쳐졌다.

더불어 좌파는 강력한 조직과 인프라를 갖춘 정치산업화에 성공했다. 민노총, 전교조, 언론노조, 참여연대 등은 단순한 시민단체가 아니라 정치적 영향력을 행사하는 실질적 권력기관이며, 좌파 정당과 정교하게 연결되어 정책과 여론 형성에 깊이 관여한다. 이러한 구조 안에서 좌파는 실패해도 살아남고, 비판 받아도 미화되며, 정권을 잃어도 문화를 장악한다. 한국에서 좌파는 단순한 이념이 아니라, 도덕적 브랜드가 되어 있는 것이다.

그러나 이제는 묻지 않을 수 없다. 과연 우리는 언제까지 이 거대한 착시의 구조 안에 머물러야 하는가. 진실이 왜곡되고, 실패가 미화되며, 책임 없는 이념이 도덕의 탈을 쓰고 군림하는 현실 속에서, 자유와 공동체의 가치는 얼마나 더 침묵해야 하는가. 세상이 바뀌고 있다. 이념의 과잉이 낳은 혼란 속에서, 세계는 다시 자유를 향해, 현실을 향해, 책임의 언어로 돌아서고 있다. 그리고 대한민국도 이제 그 물결 위에 올라타야 한다.

도덕을 가장한 좌파의 독점은 끝나야 하며, 보수가 말하는 자유와 질서, 책임의 언어가 다시 공론장을 회복해야 한다. 그날이 올 때, 대한민국은 비로소 거짓된 프레임을 벗고 진실의 얼굴로 다시 일어설 수 있을 것이다. 지금이 바로, 그 전환의 시간이다.

3.6 진보의 가면을 벗기다: 비상계엄과 자유우파의 각성

대한민국은 오랫동안 진보의 언어에 관대했다. 국민 다수는 그들이 외친 '정의'와 '민주'라는 말에 기대를 걸었고, 때로는 반복되는 실책마저도 개혁의 진통으로 받아들였다. 그러나 그 너그러움은 끝내 체제의 근간을 뒤흔드는 무모한 정치 실험으로 이어졌다. 그리고 마침내, 그 허상에 균열이 생기기 시작했다.

결정적 전환점은 2024년 12월 3일, 윤석열 대통령이 헌정질서 수호를 위해 헌법이 부여한 최후의 수단, 비상계엄을 선포한 사건이었다. 이는 단지 대통령 권한의 발동이 아니었다. 이는 헌법이 명령한 체제 방어였고, 자유민주주의를 지키기 위한 마지막 보루였다. 민주당은 국회 다수 의석을 앞세워 입법 폭주와 탄핵 남발을 통해 행정부의 기본 기능을 마비시키고 있었다. 윤 정부의 장관들뿐만 아니라, 감사원장과 방통위원장, 심지어 야당 대표의 범죄를 수사하던 검사들까지 탄핵의 표적이 되었다. 특히 감사원장이 문재인 정부의 사드 배치 지연과 기밀 유출 문제를 감사한 직후 곧바로 야당에 의해 탄핵된 일은, 의회독재가 국가 시스템은 물론 일반적인 '상식'과 '정의'를 무너뜨리는 모습을 상징적으로 보여주었다.

입법권을 무기로 한 정치적 보복은 정부 기능의 정지를 넘어, 헌정 질서 전체를 뒤흔들었다. 여기에 더해 야당은 2025년도 예산안을 단독 처리하면서 안보, 과학기술, 복지, 치안 등 핵심 분야의 예산을 대거 삭감했다. 초급간부 인건비와 킬체인, 드론 탐지체계, 원전 신기술 등 국가 존립에 직결되는 예산 항목들이 의도적으로 제거되었고, 마약과 범죄 대응을 위한 수사기관의 특수활동비와 대통령실의 업무추진비까지 전액 삭감되었다. 이는 재정 조정의 범주를 넘어, 국가의 기능 자체를 마비시키려는 조직적 체제 파괴 시도였다.

설상가상으로, 북한의 미사일 도발과 중국의 무형 침투가 갈수록 노골화되는 가운데, 드론을 이용한 군사시설 촬영, 첨단산업 기술과 군사기밀 유출, 간첩 활동 등 '하이브리드 전쟁'의 양상이 현실화되고 있었다. 그럼에도 불구하고, 이런 위협에 대응하기 위한 간첩죄 확대 개정안은 야당의 반대로 국회 문턱조차 넘지 못했다. 더욱 심각한 것은, 선거의 공정성과 신뢰를 지켜야 할 중앙선거관리위원회가 일체의 부정선거 의혹에 대한 점검을 거부해왔다는 사실이다. 극히 일부 서버에만 허용된 국정원의 선관위 전산 보안 점검 과정에서는 비밀번호가 '12345'라는 사실이 드러나, 사실상 선관위 서버는 모든 해커에게 열려 있는 것이나 다름 없었다. 부정선거 의혹과 맞물려 국민의 불신은 걷잡을 수 없이 증폭되었다. 선거의 무결성이 지켜지지 않는다면, 더 이상 이 나라는 자유민주주의 국가가 아니기 때문이다.

29회에 걸친 정부 장관들과 기관장들에 대한 줄탄핵, 정부운영예산 삭감으로 인한 정부 마비 사태, 첨단산업기술 발전 지원금의 90% 이상 삭감, 중국의 간첩과 산업스파이들이 활개

치고 다녀도 간첩법을 틀어쥐고 놔주지 않는 야당의 다수 의석의 폭력. 이 모든 것은 단순한 정쟁이나 정책 대립이 아니었다. 이것은 대한민국 자유민주주의 체제를 무너뜨리기 위한 계획된 의회독재였고, 국가 기능을 마비시키려는 조직적 시도였다. 이른바 야당 주도의 의회권력에 의한 국가 테러 사태이자 내란 폭동 그 자체였다. 윤석열 대통령은 이러한 야당의 정부 전복 사태 앞에서 헌법 제66조 제2항이 명시한 '국가의 독립· 영토의 보전·국가의 계속성과 헌법 수호'의 책무를 이행한 것이다.

비상계엄은 물리적 전쟁 상황에만 필요한 조치가 아니다. 체제 자체가 무너질 위기 앞에서 대통령은 단호하게 결단해야 한다. 윤석열 대통령의 비상계엄 선포는 바로 국민의 생명과 재산, 자유와 권리를 지키기 위한 헌법적 응전이었으며, 대한민국이 다시는 전체주의의 유령에 흔들리지 않도록 지켜내겠다는 시대적 맹세였다. 그리고 그 결단은 이제, 자유를 향한 투쟁의 서막이 되었다.

놀랍게도 윤석열 대통령의 비상계엄 선포는 단지 국가를 지켜내는 조치에 그치지 않았다. 그것은 잠들어 있던 국민의 의식을 깨우는 거대한 울림이었다. 특히 그동안 정치에 무관심하거나 좌파의 언어에 길들여져 있던 2030세대는 이 사건을 계기로 진보라는 가면을 쓴 좌파의 실체를 똑똑히 보게 되었다. '민주'를 외치면서 실제로는 언론을 틀어막고, 헌법기관을 무력화하고, 반대 세력을 탄압했던 좌파의 위선과 탐욕이 명백히 드러났기 때문이다. 자유를 말하던 그들이 가장 먼저 자유를 억압했고, 정의를 외치던 그들이 가장 거칠게 불의를 덮었다는 진실은 더 이상 감춰질 수 없었다.

그 각성의 물결은 SNS와 유튜브, 디지털 커뮤니티를 중심으로 빠르게 번져나갔다. 비이념적이고 상식에 민감한 젊은 세대는, '진보'라는 말이 더 이상 도덕의 대명사가 아니라, 억압과 선동의 도구로 전락했다는 사실을 직감적으로 파악했다. 그리고 마침내 2025년 3월 1일, 일제강점기 이후 대한민국 역사상 최대 규모의 민의가 거리로 터져 나왔다. 주최 측 추산 600만 명 이상이 모인 이 자유의 함성은, 윤 대통령 탄핵을 막기 위한 국민적 저항이었고, 그 중심에는 놀랍게도 2030 청년들이 서 있었다. 플래카드를 들고 자유를 외친 사람들, 광장에 모여 헌법을 지키자고 외친 이들은, 단지 과거의 보수를 잇는 사람들이 아니라, 새로운 시대의 진짜 보수, 자유우파의 신세대였다.

이날의 집회는 단순한 시위가 아니었다. 그것은 거짓과 위선에 대한 국민의 분노였고, 국가의 정체성과 헌법 질서를 지키기 위한 역사적 선언이었다. 3.1운동 이후 처음으로 대한민국의 광장이 그렇게 거대하게, 그렇게 순결하게 하나의 뜻으로 일어선 날이었다. 그리고 이 거대한 민심의 흐름은 단지 한 정치인을 방어한 것이 아니라, 자유민주주의를 수호하고자 하는 이 시대 모든 국민의 각성을 증명한 날이었다. 2030세대는 이제 더 이상 방관자가 아니다. 그들은 대한민국의 미래를 이끌어갈 자유의 세대이며, 가짜 진보의 허상을 걷어낸 진짜 보수, 새로운 자유우파의 주역으로 역사 앞에 우뚝 섰다.

그날 이후, 대한민국은 변하기 시작했다. 침묵하던 다수가 깨어났고, 무관심하던 젊은 세대가 광장에 섰다. 그들이 외친 것은 어느 정당의 구호도, 정치인의 이름도 아니었다. 그것은 단 하나의 가치, '자유'였다. 좌파가 독점했던 도덕의 언어는 무너졌고, 국민은 더 이상 거짓된 선의에 속지 않게 되었다. 진실은 언어가 아니라 현실에서 드러나며, 정의는 구호가 아니라 행동으로 증명되어야 한다는 사실이, 광장을 채운 그 수백만 명의 국민을 통해 확인되었다.

윤석열 대통령은 그 자유의 서사에서 비극적이면서도 숭고한 인물로 남게 되었다. 그는 떠났지만, 국민들은 그를 보내지 않았다. 자유를 지키기 위한 투쟁 속에서 침묵하지 않았고, 헌법 앞에서 결코 물러서지 않았던 그를, 누구보다 단호했고 끝까지 국민의 권리를 지키려 했던 그를, 국민들은 마음속에서 놓아줄 수 없었다. 그의 결단은 국민의 가슴에 깊이 새겨졌고, 그가 보여준 용기는 자유우파 보수의 정신 속에 살아 있는 유산이 되었다. 이제 그는 권력의 자리를 떠났지만, 자유를 지키려 자신을 내던졌던 한 지도자로서 국민의 기억 속에 영원히 살아 있을 것이다. 그의 존재는 더 이상 한 명의 정치인이 아니라, 자유와 책임, 공동체를 지키려 했던 시대의 증인이며, 대한민국 보수 — 이승만 대통령, 박정희 대통령으로 이어지는 헌정의 계보를 잇는 역사적 인물이 되었다.

좌파가 언어적으로 독점한 '진보'는 더 이상 시대정신이 아니다. 그들이 말한 정의는 자유를 억눌렀고, 그들이 말한 민주주의는 다수의 이름으로 소수를 억압하는 의회독재로 변질되었다. 결국 2024년 12월 3일, 윤석열 대통령이 헌법의 마지막 수단으로 선택한 비상계엄 조치는 단순한 비상상황에 대한 대응이 아니라, 대한민국이 다시 '자유'의 의미를 되찾는 역사적 순간이었다. 국민은 그 선택 앞에서 침묵하지 않았고, 오히려 자유의 편에 서기 위해 거리로 나섰다.

이제 우리는 안다. 더 이상 구호에 속지 않는다. 도덕을 내세우며 권력을 독점했던 위선에 더는 눈감지 않는다. 이제 우리가 말해야 할 것은 '자유'다. 그리고 그 자유를 지키기 위한 가장 현실적인 길은, 헌법을 지키고 질서를 세우는 보수의 길이라는 진실이다. 자유는 결코 주어지는 것이 아니라, 지켜야 할 책무이며, 싸워서 쟁취해야 할 가치다. 대한민국은 다시 그 출발점에 서 있다. 그리고 자유를 선택한 국민과 함께, 우리는 그 길을 반드시 걸어갈 것이다.

대한민국 체제전쟁
우상과 이성

제4장

체제전쟁의 시대

대한민국은 살아남을 수 있는가

대한민국은 지금,
전시 상황

―――

대한민국은 전쟁 중이다. 그것은 총과 미사일이 날아다니는 전통적인 의미의 전쟁이 아니다. 그러나 이보다 더 위협적인 전쟁이 벌어지고 있다. 그것은 바로 체제전쟁이다. 북한의 핵 위협과 군사 도발이 지속되는 가운데, 대한민국 내부에서는 종북·친중 세력과 좌파 정치권이 자유민주주의 체제를 흔들고 있다. 국제적으로는 미·중 전략경쟁이 심화되면서 대한민국의 생존 전략이 더욱 중요해진 상황이다. 그러나 문제는 단순한 외부 위협이 아니라, 대한민국 내부에서조차 이 위기를 직시하지 못하고 오히려 자유민주주의를 부정하는 움직임이 강해지고 있다는 점이다.

자유와 번영을 지켜온 대한민국이 앞으로도 지속될 것인가, 아니면 내부의 분열과 외부의 압력 속에서 무너질 것인가. 이 장에서는 대한민국이 직면한 체제전쟁의 본질을 파악하고, 우리가 반드시 지켜야 할 가치가 무엇인지를 논의하고자 한다.

제4장

4.1 북핵은 현실이다: 한반도는 전시 상황인가

"전쟁은 아직 일어나지 않았을 뿐, 이미 시작되었다." 이 말은 단순한 경고가 아니다. 지금 이 순간, 대한민국은 물리적 충돌이 없다는 이유로 평화라 불리는 착각 속에 있으나, 실상은 핵무기를 손에 쥔 적대국과 대치한 전시 상태 그 자체다. 북한은 핵 개발을 마쳤고, 미사일 전력은 실전 배치 단계에 들어섰으며, 대한민국 전역은 이미 그 사정권 안에 놓여 있다. 더 이상 북핵은 '가능성'이 아니라, 냉혹한 '현실'이다.

2024년 11월, 북한은 '전술핵 탑재 미사일 실전배치'를 공식 선언했다. 이는 단순한 군사적 과시가 아니라, 대한민국을 향한 노골적인 핵 협박 체제의 완성을 의미했다. 그리고 대한민국은 그 위협 앞에서, 실제 전쟁은 일어나지 않았지만 심리적으로 무장해제된 평화의 환상에 빠져 있다. 지금 대한민국은, 전시 상황에 놓인 핵 인질국가다. 그러나 이보다 더 큰 문제는, 이러한 위협을 바라보는 정치적 시선이 제각기 다르다는 데 있다.

북한의 핵은 단지 무기가 아니다. 그것은 남한 사회를 향한 심리적 지배와 정치적 협박의 도구이며, 내부 분열을 유도하는 전략 무기다. 북한은 오랫동안 대남 전략의 두 날개―무력 시위와 평화 공세―를 교차하며 운용해 왔다. 이 두 얼굴의 전략은 대한민국 내부 여론과 정치를 교란시키는 데 치명적인 효과를 거두었다.

그리고 이 전략은 실질적으로 성공했다. "북한도 안보의 불안을 느낀다", "북핵은 방어용이다"라는 주장은 진보 진영, 일부 시민단체, 좌파 언론의 입에서 반복되었고, 심지어 노무현 전 대통령도 이와 유사한 발언을 남겼다. 북한을 향한 군사적 부담은 사라졌고, 대신 남한 내부에서는 스스로의 무장을 해체하고, 안보의식을 조롱하며, 자해적 안일함에 빠져들었다. 그 결과, 북한은 한 발씩 더 나아갔다. 그리고 오늘, 우리는 미국의 핵우산이 실제로 작동할지조차 불확실한 안보 현실을 마주하고 있다.

진보 정권이 말해온 '한반도 평화'는 허상이었다. 그들의 평화는 냉철한 전략도, 구체적 억지도 아닌, 민족 감성과 자기기만 위에 세워진 착각이었다. 문재인 정부가 체결한 9·19 군사합의는 그 상징적 사례다. 합의 이후 대한민국 군은 접경지역에서 감시와 정찰을 중단했고, 전방의 일부 감시 장비를 철거했으며, 전술적 대비 태세는 현저히 약화되었다. 그러나 북한은 단 한 번도 핵 개발을 멈춘 적이 없었다. 오히려 그들은 더욱 공세적으로 핵무기와 미사일 전력을 강화했고, 2020년에는 대한민국 공무원을 총으로 쏘고, 시신을 불태우는 반인륜적 범죄까지 자행했다. 그럼에도 문재인 정부는 북한을 향해 비판 한마디 내지 못했다. 유족에게조차 진실은 가려졌고, 국민에게는 '평화가 유지되고 있다'는 허상이 강요되었다. 이것이 바로 진보가 말한 평화의 민낯이었다.

평화는 침묵에서 오는 것이 아니라, 힘의 균형에서 비롯된다. 진보는 '평화'를 말하면서 군을 해체했고, '안보'를 언급하면서 국민의 현실적 공포를 외면했다. 그것은 평화가 아니라 무장의 해체였고, 현실의 부정이었다.

한미동맹은 대한민국 안보의 핵심축이었다. 6·25전쟁 이후 70년 넘게 미국의 핵우산과 전략적 억지력은 대한민국의 생존을 지탱해 왔다. 그러나 북한의 핵 실전 배치 이후, 이 동맹은 새로운 질문에 직면했다. 과연 미국은 자국 본토가 핵보복의 위험에 놓인 상황에서, 대한민국을 위해 핵보복이라는 결단을 내릴 수 있을까? 이는 신뢰의 문제가 아니다. 전략적 계산의 문제이자, 미국이 자국의 국가 이익을 어떻게 우선순위로 삼을 것인가의 문제다.

실제로 미국 내부에서는 '코리아 패티그(Korea fatigue)'—한국 안보에 대한 피로감—이 나타나고 있고, 주한미군 감축이나 철수론도 일부 정치권에서 간헐적으로 거론된다. 이런 흐름 속에서 대한민국은 더 이상 '미국이 지켜주겠지'라는 막연한 기대에 국가의 운명을 맡겨서는 안 된다. 우리 스스로가 억지력을 갖추지 않으면, 한미동맹조차 선언적인 구호에 그칠 수 있다.

보수가 말하는 안보는 냉전적 사고가 아니다. 보수는 결코 전쟁을 원하지 않는다. 그러나 전쟁을 막기 위해, 반드시 전쟁에 대비해야 한다고 믿는다. 안보는 의지나 구호로 지켜지지 않는다. 상대가 감히 도발할 수 없도록 만드는 힘, 그것이 진짜 억지다. 북한이 핵을 갖고도 사용할 수 없도록 만드는 것, 바로 그것이 평화의 진정한 조건이다.

보수는 국민에게 올바른 인식과 경각심을 심어주는 정신적 안보, 적을 적이라 말할 수 있는 용기, 국민 전체의 체제 수호 의지를 포함한 '국가 안보의 철학'을 말한다. 무기보다 더 중요한 것은, 국민의 마음 속에 자리 잡은 자유의 가치와 그것을 지킬 의지다.

대한민국은 지금 '종전'이 아닌 '전시'다. 군사적 도발은 언제든 일어날 수 있고, 핵무기가 실전 배치된 이 땅에서 우리는 '전쟁이 일어나지 않고 있을 뿐인 전쟁 상태'를 살아가고 있다. 북한은 대한민국의 헌법이 전제로 하는 자유민주주의 질서를 부정하는 전체주의 체제이며, 무력과 이념, 정보와 심리전을 모두 동원해 이 체제를 흔들고 있다.

그럼에도 여전히 대한민국 내부에는 "북한과의 평화 공존", "종전선언", "한반도 평화체제 구축"을 외치는 이들이 있다. 그러나 그들은 현실을 직시하지 못한 감성적 평화의 감옥에 갇혀 있을 뿐이다.

안보는 단순한 정책이 아니라, 자유를 지키는 최후의 선이다. 그 선이 무너지는 순간, 국가는 존재 이유를 잃고, 국민은 자유를 잃는다. 지금 이 순간, 우리는 이미 전시 상황에 있다. 보수는 결코 그 사실을 외면하지 않는다. 보수는 오늘도 말한다. 현실을 직시하라. 그리고 자유를 지키려면, 반드시 힘이 필요하다.

4.2 북한 체제와의 근본적 대립: 자유 대 전체주의

대한민국과 북한은 단순히 남과 북, 같은 민족이 갈라진 분단 국가가 아니다. 우리는 종종 '하나의 민족, 두 개의 국가'라는 표현에 익숙해져 있지만, 그 말은 실상을 오히려 흐리게 만든다. 실제 현실은 '하나의 민족'이 아니라, 두 개의 완전히 상반된 체제가 극단적으로 충돌하고 있는 전선이다.

북한은 단순히 적대적인 국가가 아니다. 북한은 대한민국이 헌법에 따라 지키고자 하는 자유민주주의 체제 자체를 부정하는 전체주의 독재국가다. 3대에 걸쳐 권력을 세습하며, 권력은 김씨 일가의 전유물이고, 국민은 철저히 통제되는 수단일 뿐이다. 자유, 인권, 사유재산, 언론과 종교의 자유, 선거, 법치 — 이 모든 개념이 북한에선 존재하지 않는다. 북한은 단순한 반대자가 아니라, 자유의 체제를 무너뜨리기 위한 의도를 가진 체제적 파괴자다.

체제는 단지 통치의 방식이 아니라, 인간을 바라보는 근본적 관점의 문제다. 자유민주주의와 공산 전체주의의 차이는 단지 정치 시스템의 차이가 아니다. 그것은 인간을 어떻게 보느냐의 철학적 차이다. 자유민주주의는 인간을 자율적 존재, 선택할 수 있는 존재로 본다. 국가의 목적은 개인의 자유와 권리를 지키는 것이며, 법은 그 자유가 서로 충돌하지 않도록 조정하는 도구다. 그러나 전체주의는 인간을 통제와 순응의 대상으로 본다. 개인은 집단의 일부에 불과하며, 전체의 이익을 위해 개인은 언제든 희생될 수 있다. 북한은 바로 그 사상의 가장 극단적 사례다. '수령의 통치'라는 절대 권위 아래, 모든 국민은 도구이며, 그 도구는 충성의 방식으로만 존재를 인정받는다.

이것이 대한민국과 북한의 근본적 대립이다. 단지 국경과 군사력이 아니라, 인간과 사회를 바라보는 가장 본질적인 철학이 충돌하고 있는 전쟁이다.

그러나 대한민국의 진보 세력은 이상하리만치 북한의 체제 본질을 외면하거나 회피한다. 그들은 북한의 실상을 언급하기보다, '우리민족끼리', '분단의 비극', '북한도 체제 생존을 위한 선택을 한 것뿐'이라는 식으로 서사를 전환한다. 그 말들은 겉보기에 중립적이고 인도주의적이지만, 결국 전체주의 체제를 상대화하고, 자유민주주의를 절대화하지 않는 상대주의의 오류로 빠진다. 진보는 종종 '대한민국도 완전한 자유민주주의가 아니다', '남한도 기득권 체제의 불평등한 국가'라고 말한다. 그 말이 전적으로 틀렸다는 것은 아니다. 그러나 자기 반성에 몰두한 나머지, 외부의 명백한 전체주의에 대한 분노를 잃는 것, 그것이야말로 체제 수호에 실패하는 사회의 전형적인 길이다.

북한에 대한 도덕적 면죄부는 곧, 자유민주주의에 대한 도덕적 확신을 약화시킨다. 그리고 그것은 국가 안보, 정책, 국민의식 전반에 걸쳐 '경계심 상실'이라는 치명적 후유증을 남긴다. 진보진영은 민족주의라는 감성적 언어를 통해 북한 체제를 포장해왔다. '같은 민족', '분단의 상처', '외세의 개입'이라는 서사는 북한 정권과 북한 주민을 구분하지 못하게 만들고, 결국 전체주의 권력을 '민족의 정통성'이라는 이름으로 미화하는 잘못된 흐름을 만들었다. 북한 주민은 우리의 형제일 수 있다. 그러나 북한 정권은 결코 우리의 형제가 아니다. 그들은 대한민국의 헌법 질서를 부정하고, 체제를 전복하려는 의도를 갖고 있으며, 심지어 대한민국의 대통령을 '괴뢰'라 부르며 멸시하는 체제다. 이런 체제를 '민족'이라는 이름으로 감싸는 순간, 우리는 자유의 체제와 전체주의 체제를 동등하게 다루는 위험한 착시에 빠지게 된다. 그리고 그 착시는 대한민국 내부를 분열시키고, 안보를 해체하며, 결국 체제에 대한 국민적 자긍심을 무너뜨린다.

자유를 지키기 위한 체제 수호는 단지 보수의 이념이 아니라, 이 나라의 건국부터 시작된 역사적 사명이다. 이승만 대통령은 건국 당시부터 '북한과의 대결은 이념이 아니라 체제의 문제'라고 강조했다. 그는 공산주의가 아닌, 공산 전체주의와의 싸움을 선언했고, 그 정신은 1948년 헌법 제정에 담겨 자유민주주의, 자유시장경제, 법치주의를 국정의 기둥으로 세웠다.

윤석열 대통령은 2023년 광복절 경축사에서 "자유민주주의를 해체하려는 반국가 세력과 맞서겠다"고 선언했다. 이는 단순한 정치적 수사가 아니라, 자유 체제에 대한 명백한 위협에 맞서는 헌법적 책무의 발현이었다. 그 선언은 1948년 이승만 대통령이 자유민주주의로 건국을 선포하며 시작한 공산주의 세력과의 싸움을 계승한 것이며, 또한 박정희 대통령이 안보와 경제의 기둥 위에 자유의 성벽을 세웠던 전후 대한민국 보수 리더십의 연속선상에 놓여 있다. 윤 대통령의 발언이 좌파 진영에 의해 '극우'로 매도된 현실 자체가, 지금 보수가 진정한 자유의 편에 서 있다는 사실을 증명한다. 자유를 수호하는 대통령의 언어가 공격받는 이 시대야말로, 체제전쟁의 최전선이다.

보수는 단지 과거를 회상하지 않는다. 보수는 지금 이 순간 자유가 공격받고 있다는 사실을 직시하고, 그 자유를 지키기 위해 법과 질서, 안보와 경제, 정신과 문화를 하나의 전선으로 보고 싸운다. 한반도의 분단은 지리적 경계만이 아니다. 그것은 체제의 경계이며, 인간 존엄의 경계다. 북한은 여전히 전체주의이며, 대한민국은 여전히 자유를 수호해야 한다.

우리는 전쟁 중이다. 군사적 충돌이 없을 뿐, 사상과 이념, 언어와 교육, 정치와 문화 전반에서 자유와 전체주의는 지금도 충돌하고 있다. 이 싸움은 '반공'이라는 단어로 과거에 묻혀서는 안 된다. 이 싸움은 오늘의 현실이며, 내일의 자유를 결정짓는 전쟁이다. 그 전선의 끝에 대한민국이 있고, 그 전선을 지켜내는 힘이 바로, 보수의 존재 이유다.

4.3 남한과 북한: 두 체제의 극명한 차이는 왜?

한반도는 하나의 민족, 하나의 언어, 하나의 역사적 뿌리를 공유하고 있다. 그러나 지금 이 땅의 남과 북은 완전히 다른 모습으로 존재한다. 남한은 민주주의와 자본주의를 바탕으로 세계 10위권의 경제대국이 되었고, 북한은 3대 세습 독재 속에서 수백만 주민이 기아와 억압에 시달리는 폐쇄국가로 전락했다. 이 극적인 차이는 단순한 정치 시스템의 문제가 아니다. 그것은 '어떤 체제 위에 어떤 철학이 있었는가'라는 질문에서 출발해야 한다. 그리고 바로 이 질문이야말로 오늘날 우리가 다시 되새겨야 할 대한민국 체제의 본질이자, 『대한민국 체제 전쟁 – 우상과 이성』이 제기하고자 하는 핵심 주제와도 맞닿아 있다.

『Why Nations Fail』(왜 국가는 실패하는가)의 저자 대런 애쓰모글루(Daron Acemoglu)와 제임스 로빈슨(James A. Robinson)은 같은 지리적 환경, 같은 민족적 기반을 갖고 있음에도 남북한이 이토록 다른 길을 걸은 이유를 '포용적 제도'와 '착취적 제도'라는 개념으로 설명했다. 남한은 1950년대 이후, 특히 박정희 정부 시기를 거치며 제도적 안정과 경제발전이라는 두 바퀴를 구축했고, 시장의 자유와 경쟁을 점차 제도화했다. 반면 북한은 김일성 1인 독재로 출발해 김정일, 김정은으로 이어지는 세습체제를 통해 국가 전체를 우상화하고, 체제를 비판하는 어떠한 이성적 질문도 허용하지 않는 전체주의적 시스템을 굳혀갔다. 이 우상화의 체제야말로 북한이 몰락의 길을 걸을 수밖에 없는 이유이며, 보수가 말하는 '이성의 질서'가 왜 중요한지를 역설적으로 보여주는 역사적 사례이다.

'우상'은 '이성'을 마비시킨다. 김일성은 '수령은 인민의 운명'이라 말했고, 그의 동상 앞에서는 어린아이들까지 절을 해야 했다. 김정일은 '신의 아들'로 묘사되었고, 김정은은 '영도자'라는 이름 아래 신격화되었다. 이 세습 권력은 단지 정치적 권위를 유지하는 수준을 넘어, 마치 절대자의 권능처럼 국민을 통제해왔다. 정보는 차단되었고, 언론은 침묵했고, 교육은 세뇌가 되었으며, 주민의 삶은 철저히 통제되었다. 굶주림은 만연했고, 공포는 일상이 되었고, 탈북자들은 생명을 걸고 국경을 넘었다. 이 모든 비극의 중심에는 '이성이 사라진 사회', 곧 '우상이 지배하는 체제'가 놓여 있다.

반면 대한민국은 보수정부의 주도 아래 제도와 질서를 구축해왔다. 이승만 대통령은 공산주의의 위협 속에서 자유민주주의 체제를 선택했고, 박정희 대통령은 절대빈곤의 나라를 산업화의 기적으로 이끌었다. 전두환·노태우 정부는 정치적 한계에도 불구하고 체제의 안정을 유지하며 경제와 외교의 기반을 다졌고, 이명박·박근혜 정부는 실용과 책임, 제도와 원칙을 통해 대한민국을 글로벌 경제의 주역으로 끌어올렸다. 윤석열 대통령 역시 비상계엄이라는 고뇌의 결단을 통해 헌정질서를 지키려 했고, 자유를 되살리려 했다. 대한민국 보수의 계보는 '우상을 거부한 이성의 체제'를 구축해온 여정이었다.

그런데 이 당연한 체제의 승리가 지금도 당연하지 않게 여겨지는 것은 왜일까. 여전히 대한민국 안에는 북한을 맹목적으로 추종하거나, 적어도 북한 체제의 본질을 직시하려 하지 않는 일부 진보세력이 존재한다. 실제로 고려대학교에서는 과거 '김일성 만세'라는 문구가 담긴 대자보가 게시되어 논란이 되었고, 일부 대학 강연이나 소규모 단체에서는 '주체사상은 평등사회의 대안이 될 수 있다'는 주장이 여전히 반복되고 있다. 이들은 북한의 실상에 눈감고, 허구의 평등과 추상적 민족주의를 앞세워 전체주의 체제를 정당화하려 한다. 이것이야말로 이 책이 지적하고자 하는 '우상의 언어'이다. 진보는 이 언어를 통해 도덕의 외피를 쓰지만, 그 속에서는 자유가 지워지고, 현실이 왜곡되며, 인간은 체제의 도구로 전락한다.

북한은 '우리민족끼리'라는 감성적 구호를 앞세우며 민족주의를 호소하지만, 실제로는 중국의 의존적 변방으로 전략적 자율성을 상실했고, 경제는 초토화되었으며, 주민들의 삶은 UN 보고서에 따르면(2023년 기준) 인도적 위기 수준에 처해 있다. 2023년 세계식량계획(WFP)은 북한 주민의 40% 이상이 만성적인 영양실조 상태에 놓여 있다고 밝혔다. 남한이 수출 7위, GDP 세계 10위권의 국가로 성장한 것과 비교하면, 이 차이는 단순한 체제의 우열을 넘어, 철학의 성패를 증명하는 것이다.

진짜 평등은 모든 사람에게 자유롭게 말하고, 배우고, 경쟁하고, 실패할 수 있는 기회를 보장하는 데 있다. 대한민국의 보수는 그 자유의 토대를 책임이라는 이름으로 설계해왔다. 반면 북한은 평등을 말하면서도 특권계층과 하위 계층 사이에 엄연한 계급을 만들었고, 자유를 말살하면서도 자신들의 통치를 정당화하는 언어만을 허용했다. 그리고 바로 그 '정당화의 언어'가, 대한민국 내 일부 좌파 진영에서 '진보'라는 이름으로 반복되고 있다. 그것이 우상이며, 그 우상은 이성을 침묵시키고, 결국 사람을 불행하게 만든다.

이성은 우상을 이길 수 있다. 진실은 언젠가 침묵을 깨고 말하게 된다. 북한이 지금처럼 폐쇄적이고 전체주의적인 체제를 고집하는 한, 그 붕괴는 시간 문제일 뿐이며, 그 체제는 결코 인간의 존엄과 자유를 회복할 수 없다. 우리는 그 현실을 직시해야 한다. 대한민국이 선택한 자유민주주의와 시장경제는, 단지 번영을 위한 수단이 아니라 인간의 삶을 지탱하는 철학의 기반이다. 그리고 이 철학은 반드시 다음 세대에게도 온전히 전해져야 한다.

우리는 더 이상 진보라는 이름으로 포장된 허상을 용인해서는 안 된다. 북한을 감싸는 말의 윤리를 걷어내고, 체제의 실체를 직시해야 한다. 대한민국의 보수는 그 실체 앞에서 이성을 회복하고, 자유를 방어하며, 공동체의 미래를 설계해온 철학이었다. 이 책이 말하고자 했던 것도 바로 그것이다. 남과 북의 차이는 결국 철학의 차이였고, 언어의 차이였고, 사람을 바라보는 태도의 차이였다.

우상은 허상을 만든다. 하지만 이성은 진실을 꿰뚫는다. 우리는 이성의 언어로 자유를 지키고, 공동체를 다시 세워야 한다.

남과 북의 차이는 결코 우연이 아니었다. 그것은 이성과 우상의 전쟁에서, 어느 쪽이 사람을 더 사랑했는가에 대한 역사적 응답이었다.

4.4 내부의 적: 종북세력과의 사상전

총과 미사일은 국경을 넘어야 위협이 되지만, 사상은 그럴 필요조차 없다. 문장 하나, 뉴스 한 줄, 교과서의 몇 개 단어만으로도 이념은 사람들의 마음을 점령한다. 그래서 사상의 전쟁은 조용하다. 그러나 가장 깊이 파고든다. 지금 대한민국은 외부의 적과 싸우는 것만이 아니라, 내부의 적과의 사상전을 치르고 있다.

이 내부의 적은 군복도, 총도 들지 않는다. 그들은 언론을 쥐고, 교단에 서며, 법정을 장악하고, 거리에서 '민주'를 외친다. 그들은 자유와 인권을 말하지만, 정작 그들이 원하는 것은 자유민주주의의 해체다. 그들의 목표는 헌법적 정체성의 부정이며, 대한민국 체제를 내부에서 붕괴시키는 것이다. 그 이름은 종북이다.

종북은 단지 낡은 운동권의 구호가 아니다. 그것은 북한 주체사상에서 기인한 하나의 침투 전략이자, 은밀하고 교묘한 언어로 위장된 체제전복의 도구다. 주체사상은 인간의 자주성을 말하지만, 실상은 김일성 일가에 대한 무한 복종을 체계화한 전체주의 사상이다. 이 사상은 1980년대 NL(민족해방) 계열 운동권을 중심으로 퍼졌고, '우리민족끼리', '자주', '민족공조'라는 감성적 수사를 통해 사회 각층으로 확산되었다.

그러나 종북은 더 이상 공개적으로 북한을 찬양하지 않는다.

그들은 "한반도 긴장의 원인은 미국이다", "북한도 체제 생존권이 있다", "우리가 먼저 적대행위를 중단해야 한다"는 식의 상대주의적 언어로 북한을 변호한다. 이런 표현은 직접적인 찬양이 아닌 듯 보이지만, 결과적으로 북한 비판을 위축시키고, 남한 체제의 정당성을 희석시킨다.

이 언어는 언론을 통해 확산된다. 주요 지상파 방송과 진보 성향 신문은 북한의 도발을 '발사', '의도', '행위'라는 중립적 용어로 감싸며, 한국 정부의 대응에는 '대결적', '한반도 긴장 고조'라는 표현을 동원한다. 북한 인권에 대한 보도는 축소되거나 사라지고, 그 빈자리는 남한 정부에 대한 비판이 채운다. 정보는 있지만, 진실은 사라진다.

교육도 마찬가지다. 전교조를 중심으로 한 교육계의 좌편향은 교과서를 통해 '민족', '통일', '반미'를 강조하며 대한민국의 정통성과 정체성을 의도적으로 약화시켜 왔다. 북한의 전체주의, 인권 유린, 군사 독재는 희미해지고, 남한의 문제만 과장된다. 이념교육은 초등학생에게 "분단 책임은 남한에 있다"는 왜곡된 시선을 심어주고, 중고생에게 "우리가 먼저 무장해제를 해야 통일이 온다"는 감상적 논리를 주입한다. 민족은 강조되지만 자유는 사라지고, 평화는 말하지만 안보는 비웃는다.

가장 심각한 영역은 사법부다. 우리법연구회와 국제인권법연구회 등 특정 성향의 판사들이 모인 사조직은 이제 사실상 하나의 정치 이념 집단처럼 움직인다. 그들은 판결을 법의 언어가 아닌 운동의 구호로 바꾸고 있다. 국가보안법 위반자에게는 '표현의 자유'를 앞세워 무죄를 선고하고, 간첩 혐의자에게는 '양심의 자유'를 내세우며 사실상 체제 수호의 마지막 보루였던 법치를 파괴하고 있다.

이러한 사법권의 좌경화는 단순한 경향성이 아니라 구조적인 문제로 이어지고 있다. 가장 충격적인 사례 중 하나는 더불어민주당이 인천지역 사회주의 지하조직 '인민노련'의 핵심 멤버 출신 마은혁을 헌법재판소 재판관으로 선출한 일이다. 인민노련은 1987년 결성된 PD계열 사회주의 혁명조직으로, 마르크스·레닌주의 사상을 노동 현장에 주입하며 대한민국 체제 자체를 전복 대상으로 간주했던 조직이다. 이 조직은 이후 민주노동당, 정의당 등으로 이어지는 좌파 정치세력의 뿌리가 되었다.

그러한 사상의 전력자, 국가 전복을 꿈꿨던 자를 민주당이 헌법의 최종 해석기관인 헌법재판소의 재판관으로 앉힌 것은 단순한 인사 문제가 아니었다. 그것은 대한민국 법치 자체를 좌익 혁명의 도구로 삼겠다는 의도이자, 사법부마저 이념으로 장악하려는 정치적 침투 행위였다. 법이 더 이상 정의의 기준이 아니라 좌파 혁명의 실현 수단이 되는 순간, 국가는 체제 해체의 벼랑 끝에 서게 된다.

오늘날 종북은 더 이상 '북한 만세'를 외치는 집단이 아니다. 그들은 '민주', '인권', '평화' 같은 감성적 단어를 무기로 언론과 교육, 법조와 문화 속에서 체제 해체의 정서를 확산시키고 있다. 그러나 국민은 이 흐름을 바로 보아야 한다. 지금 우리가 싸우고 있는 전선은 국경 밖이 아니라, 바로 일상 속 사상전이다. 전쟁은 이미 시작되었다. 조용히, 그러나 깊이.

자유는 무관심 속에 무너지고, 체제는 침묵 속에 붕괴된다. 자유우파는 지금 이 전쟁에서 지고 있다. 그러나 늦지 않았다. 내부의 적, 그 이름 없는 전복자들과 맞서기 위해선 진실을 말하는 용기와 체제를 지키겠다는 확고한 의지가 필요하다. 이것이 보수가 반드시 지켜야 할 전선이자, 자유민주주의를 수호하는 최후의 방어선이다.

4.5 중국의 침투: 경제·정치·언론을 삼키는 손

중국은 여전히 막대한 경제력과 군사력을 바탕으로 세계 질서에 영향을 미치는 초강대국이다. 그러나 그것은 자유와 인권, 보편 가치 위에 선 책임 있는 강대국의 모습은 아니다. 중국은 국가가 시장을 통제하고, 권력이 모든 담론을 장악하는 전체주의 체제 위에서 자국 내의 자유를 철저히 말살할 뿐 아니라, 이제는 외부 세계의 사고와 판단, 제도와 체제에까지 조용히 침투하고 있다. 세계의 지도국이라기보다, 자유 문명을 압박하는 전략적 세력으로 기능하고 있는 것이다.

대한민국은 지금 이 조용한 침략에 가장 취약하게 노출된 국가 중 하나다. 문제는 우리가 이러한 구조적 침투를 '외교 문제' 혹은 '경제 의존의 결과'라는 명목으로 축소하고 있다는 점이다. 그러나 현실은 훨씬 더 깊고, 넓으며, 조직적이다. 중국은 이미 대한민국의 **경제**를 흔들고, **정치**에 개입하며, **언론**을 길들이는 전략을 오랫동안 지속해 왔다. 이 침투는 단발적 사건이 아닌, 장기적이며 체계적인 전략이다. 그것은 대규모 확성기처럼 외치는 것이 아니라, 마치 스며들 듯 퍼지는 '보이지 않는 손'의 방식으로 진행된다. 조용하지만 집요하고, 겉으론 우호적이지만 본질은 공격적이며, 명백히 체제의 뿌리를 흔드는 새로운 유형의 전쟁이다.

중국의 침투는 언제나 '돈'에서 시작한다. 2000년대 이후 한국은 중국이라는 거대한 시장에 매료되었고, '차이나 머니'는 대한민국 경제의 축을 형성하기 시작했다. 2020년대 들어 전체 수출의 4분의 1 이상이 중국에 집중되었고, 반도체, 디스플레이, 배터리 등 주요 산업군은 중국의 수요 변화에 따라 실적이 좌우되는 구조로 고착되었다. 문제는 이 구조가 단지 경제적 의존으로 끝나지 않는다는 점이다. 경제 의존은 곧 외교적 침묵을 유발하고, 안보 이슈에서의 전략적 자기 검열을 낳으며, 정치적 압박을 무기화할 수 있는 조건이 된다.

사드 사태는 그 대표적 사례다. 2016년 대한민국이 자국 방어를 위한 고고도 미사일 방어체계를 배치하자, 중국은 비공식적 방식으로 관광·유통·연예 산업을 전방위 보복했다. 그 보복은 명백한 경제적 폭력이었지만, 당시 진보 정권과 친중 언론은 '양국 간의 감정 문제', '우리 외교의 실수'로 축소해 해석했다.

중국이 대한민국에 끼치는 진짜 위협은 단지 경제적 차원에 머물지 않는다. 그것은 훨씬 더 깊고 교묘한 방식으로 정치와 언론, 교육, 문화, 시민사회 전반을 겨냥하고 있으며, 그 중심에는 체제 흔들기라는 명백한 전략적 의도가 숨어 있다. 우리는 오랜 기간 '한중 경제 협력'이라는 이름으로 중국의 손길을 받아들여 왔지만, 이제는 그 손이 대한민국의 심장부를 향해 조용히, 그러나 정교하게 침투하고 있다는 사실을 직시해야 한다.

가장 대표적인 사례는 중국의 대표적인 통신기업 화웨이와 대한민국 중앙선거관리위원회 간의 기술 협력 의혹이다. 화웨이는 오랫동안 중국 공산당과의 밀접한 연계가 지적되어 온 기업으로, 트럼프 1기 행정부 시절부터 미국 안보를 위협하는 존재로 규정되며 자국 시장에서 사실상 퇴출당했다. 미국 정부는 화웨이 장비에 외부에서 접근 가능한 '백도어(Backdoor)'가 존재한다는 점을 들어, 이 기업이 미국의 정보기술 인프라를 통해 민감한 정보를 수집·감시할 수 있는 잠재적 수단이 된다고 공식 발표한 바 있다. 그 조치 이후, 영국과 프랑스를 포함한 유럽 주요 국가들 또한 잇따라 화웨이의 장비 사용을 제한하거나 완전히 배제하는 결정을 내렸다. 이는 단지 기술의 문제가 아니라, 체제와 주권의 보안이 걸린 본질적인 외교·안보 사안이었다.

그러한 국제적 맥락 속에서, 화웨이가 대한민국의 선거 시스템 일부와 연계될 수 있다는 정황이 제기된 것은 단순한 우려의 차원을 넘어, 국가적 경각심을 불러일으키기에 충분했다. 중앙선거관리위원회는 공식적으로 화웨이와의 직접적 기술 협력은 없었다고 해명했으나, 논란은 수그러들지 않았다. 국민이 제기한 의문은 단순한 해명의 영역에 머물러 있지 않기 때문이다. 문제의 핵심은, 국가의 민주적 정당성과 체제의 정통성을 담보하는 선거 시스템이 외국 국영기업, 그것도 전체주의 체제를 지향하는 국가의 기업에 의해 간접적으로라도 영향을 받을 수 있다는 구조적 허점에 있다.

선거의 무결성과 투명성은 민주주의 체제에서 가장 근본적인 신뢰의 기반이다. 단 한 줌의 의심이라도 정보 보안의 영역에서 제기된다면, 그것은 전체 체제에 대한 불신으로 확산될 수밖에 없다. 외국의 특정 세력이 대한민국의 선거 인프라에 간접적으로라도 접근할 수 있다는 가능성만으로도, 이는 단순한 기술 협력이 아니라 체제 방어의 문제로 인식되어야 한다. 화웨이와 관련한 국제사회의 일관된 대응은 바로 이 지점에서 출발했다. 그리고 지금 대한민국 역시, 자유민주주의의 심장이라 할 수 있는 선거 제도에 대해 같은 기준과 같은 경각심을 가져야 할 때다. 그것이야말로 자유와 주권을 지키는 최소한의 이성적 방어선이다.

이와 더불어, 중국은 사이버 공간에서도 대한민국의 정치 여론에 깊숙이 개입하고 있다. 온라인 공간에서 활동 중인 우마오당, 즉 중국 정부의 지시를 받아 활동하는 사이버 여론조작 부대는 단순한 루머가 아니다. 이들은 대만, 홍콩, 신장 위구르 문제뿐 아니라, 대한민국 내부 정치에 대해서도 조직적인 댓글 공작을 펼치고 있으며, 특히 보수 진영에 대한 비방과 왜곡된 정보를 퍼뜨리는 데 집중하고 있다. 최근에는 국내 포털사이트와 SNS에서도 한국어로 조작 댓글을 다는 사례들이 급증하고 있으며, 이는 중국의 여론 공작이 단순한 외부 선전이 아니라, 내부 침투의 단계에 접어들었음을 보여준다.

더욱 충격적인 사실은, 중국 국적 유학생들이 대한민국의 정치 현장에 직접 참여한 정황이다. 박근혜 대통령 탄핵 당시 찬성 촛불 집회에 다수의 중국 국적 인원들이 참가한 사진과 영상이 국내외에서 확인되었으며, 이들이 집회 피켓을 들고 구호를 외치며 행진한 모습은 국민들에게 적잖은 충격을 안겼다. 더욱이, 윤석열 대통령 탄핵 찬성 집회에서도 중국인 유학생으로 보이는 인물들이 반복적으로 등장했다는 현장 목격담과 영상자료들이 온라인 커뮤니티를 중심으로 확산되며, 그 정황은 한층 구체화되고 있다. 단순한 개인 참여인지, 조직적인 개입인지 그 경계는 모호하지만, 핵심은 중국이 한국의 정치적 분열과 거리 정치에 실질적으로 영향을 미치고 있다는 가능성이 명확히 제기되었다는 점이다.

이러한 현상은 결코 음모론으로 치부할 수 없다. 중국은 이미 호주, 대만, 캐나다 등 세계 각국에서 유사한 방식으로 선거와 여론에 개입한 정황이 드러났고, 대한민국도 예외일 수 없다. 특히 한국은 지정학적으로 중요한 위치에 있는 동시에, 자유민주주의와 전체주의가 맞닿아 있는 최전선 국가다. 이 같은 한국의 구조적 특성은 중국이 자국의 영향력을 테스트하고 확장하기에 적합한 실험장이 되고 있다.

중국의 침투는 정치만이 아니다. 그들은 대한민국의 문화·언론·예술·엔터테인먼트 분야에까지 영향력을 행사하고 있다. 2016년 사드 배치 이후, 중국 정부는 한국 연예인의 중국 활동을 사실상 금지했고, 영화·드라마·게임 등 한류 콘텐츠 전반에 대해 비공식 검열을 강화했다. 한국 콘텐츠는 중국의 입맛에 맞지 않으면 방영조차 허용되지 않았으며, 이는 단지 수출 시장 제한에 그치지 않고, 한국 제작자들이 처음부터 중국 검열을 의식한 콘텐츠 기획을 하게 만드는 자율적 복종을 유도하는 구조로 이어졌다.

이런 문화적 종속은 언론에서도 분명히 나타난다. 한국의 대표적인 지상파 방송사들과 주요 진보 성향 일간지들은 중국 공산당의 인권 탄압이나 반체제 탄압, 티베트·홍콩·위구르 문제를 거의 다루지 않는다. 이는 단순한 '외교적 고려'가 아니다. 언론사 내부의 광고 수익, 콘텐츠 유통 경로, 중국 자본과의 협업 유지를 고려한 의도적 침묵과 자기검열이다. 다시 말해, 중국은 경제적 유인책과 문화적 검열을 동시에 활용해 대한민국의 여론과 사고 구조 자체를 통제하려는 이중전략을 쓰고 있는 것이다.

그렇다면 우리는 반드시 묻게 된다. 도대체 왜 대한민국은 이처럼 조직적이고 전방위적인 중국의 침투 앞에서 침묵했는가? 왜 국민의 주권을 위협하는 이 위협에, 우리는 한 번도 분노하지 못했고, 말하지 못했고, 행동하지 못했는가? 그 침묵은 단지 무관심에서 비롯된 것이 아니었다. 그것은 오히려 한국 사회를 옥죄는 구조적 현실, 정치권의 기만, 그리고 지식사회의 타협에서 비롯된 자발적 방관이었다.

대한민국이 침묵한 이유는 명확하다. 첫째, 중국에 대한 경제 의존이 위험수위를 넘어섰기 때문이다. 한국의 전체 수출 중 25% 이상이 중국에 집중되어 있고, 수많은 기업들이 중국 시장과 공급망에 깊이 얽혀 있다. 사드 보복 당시 '한한령'으로 대표되는 중국의 경제적 제재는 관광업, 유통산업, 문화 콘텐츠 전반에 심각한 타격을 가했다. 그 결과, 기업계는 물론 정치권까지도 '중국을 자극하지 말라'는 무언의 압박에 갇히게 되었고, 이는 곧 자율적 침묵과 굴종을 정당화하는 분위기로 이어졌다. 경제 논리가 안보 논리를 억눌렀고, 이익이 체제보다 우선되었다.

둘째, 좌파 정치세력과 일부 진보 언론은 중국을 '미국 패권에 맞서는 대안적 균형세력'으로 포장해왔다. 이들은 중국의 인권 탄압과 체제 억압을 침묵하거나 회피하고, 오히려 미국과 일본에 대한 비판에 집중함으로써 균형 외교를 가장한 중국 감싸기를 지속해왔다. 문재인 정부 시절 시진핑 주석을 '큰 산'으로, 한국을 '작은 산봉우리'로 표현한 발언은 단순한 외교적 비유가 아니라, 그들이 자처한 굴종의 세계관을 적나라하게 보여주는 상징적 사건이었다. 이는 단지 외교의 문제를 넘어, 국가 정체성과 체제 자존감을 스스로 무너뜨리는 행위였다.

셋째, 시민사회와 학계 역시 중국의 자본과 영향력에 점차 잠식되었다. 공자학원, 아태재단, 각종 학술 교류 기금 등은 중국이 한국 사회 내에 마련한 '문화 침투 창구'로 기능해왔다. 한국 대학들과 연구기관은 중국의 자금을 받으며 '중국 비판 금지'라는 암묵적 룰에 순응하게 되었고, 그 결과 중국의 전체주의적 실상이나 인권 문제를 비판하는 학문 활동은 극도로 위축되었다. 심지어 중국 공산당의 실상을 지적하는 학자나 언론은 '극우', '반중 선동자'라는 낙인이 찍혀 사실상 공개 비판이 금기시되었다. 그렇게 대한민국은 학문과 지성, 표현의 자유마저 스스로 억압하게 되었다.

그리하여 대한민국은 어느 순간, 경제의 유혹과 정치의 타협, 문화의 자기검열과 학문의 침묵 속에서 중국의 침투를 조용히 허용해온 사회가 되었다. 우리는 말하지 않았다. 말할 수 없도록 길들여졌다. 그리고 그 침묵은 우리 스스로의 무장을 해제하는 결과로 이어졌다.

대한민국은 자유민주주의를 헌법으로 명시한 국가이며, 미국·일본·대만·유럽 등 자유와 인권, 법치와 경쟁이라는 가치를 공유하는 자유세계의 일원이다. 그러나 그 가치들이 지금 우리 안에서 희미해지고 있다. 중국 공산당의 '미소 띤 침투'는 우리의 언론을 조용히 장악했고, 우리의 교과서를 조율했으며, 우리의 정치적 갈등을 활용해 체제를 약화시켰다. 이 모든 과정에서 대한민국은 '그저 경제 때문에', '외교적 마찰을 피하기 위해', '균형자 외교의 일환으로'라는 말로 침묵을 합리화했다.

그러나 윤석열 대통령이 출범 이후 가장 먼저 추진한 것이 바로 한미동맹의 정상화였다는 점은, 결코 단순한 외교 복원 행보가 아니다. 그것은 대한민국이 다시금 자유진영의 핵심 궤도로 돌아가겠다는 강력한 체제 선언이자, 중국의 이념적 침투에 대한 경고였다. 대한민국은 이제 선택의 기로에 서 있다. 눈앞의 경제적 이익을 위해 침묵할 것인가, 아니면 자유와 주권, 체제를 지키기 위해 불편한 진실을 외면하지 않을 것인가.

중국은 총을 쏘지 않았다. 그러나 그들은 웃으며 다가왔고, 돈을 건넸으며, 협력을 말했다. "전략적 협력", "호혜적 관계", "운명공동체"라는 달콤한 수사 뒤에 숨은 것은, 시장과 교류가 아니라 검열과 침투, 조종과 영향력이었다. 대한민국은 그들의 경제를 받아들였고, 그들의 언어를 받아들였으며, 그들의 침묵을 따라했다. 그리고 그 결과, 우리는 우리도 모르는 사이, 조용한 침공을 허용한 사회가 되었다.

지금도 누군가는 말한다. "중국과의 관계를 굳이 악화시킬 필요는 없다." 그러나 그것은 '관계'가 아니라, 굴종의 다른 말이다. 민주주의는 감시와 표현의 자유 위에 존재한다. 그런데 지금, 중국을 비판하는 언론은 사라졌고, 중국을 경계하는 시민의 목소리는 극우라 낙인 찍힌다. 이 침묵이 계속된다면, 자유는 끝장난다.

자유는 말할 때만 존재하고, 경계할 때만 유지되며, 맞설 때만 지켜진다. 이제 우리는 말해야 한다. 조용한 침투는 더 이상 조용히 받아들여질 수 없다. 굴종은 언제나 조용히 시작되지만, 그 결과는 거세고 돌이킬 수 없는 파국이 된다. 우리는 침묵을 깨야 한다. 그리고 그 침묵을 깰 자격이 있는 유일한 주체는 바로, 대한민국 국민이다.

이 싸움은 조용히 시작되었지만, 그 끝은 결코 조용하지 않을 것이다. 지금 우리가 말하지 않으면, 내일은 말할 자유마저 사라진다.

4.6 총성 없는 전쟁: 대한민국 침공 시나리오

전쟁의 풍경이 달라졌다. 포성이 울리지 않아도 전쟁은 시작될 수 있고, 병력이 국경을 넘지 않아도 국가는 침공당할 수 있다. 총이 없는 전쟁, 탱크가 없는 전쟁, 미사일보다 더 무서운 전쟁 — 바로 '무형의 침투'로 이루어지는 21세기형 전쟁이 지금, 대한민국의 심장부를 향하고 있다.

현대전은 더 이상 군사력만으로 이루어지지 않는다. 사이버 공격 한 번으로 국가 전력망이 마비되고, 소셜미디어를 통한 조작된 여론은 정권을 뒤흔들며, 언론과 교육을 통한 장기적 세뇌는 국민의 정신을 지배할 수 있다. 총보다 키보드가, 탱크

보다 담론이, 미사일보다 사상이 더 치명적이 된 시대―그 중심에 대한민국이 놓여 있다.

과거 전쟁은 병력, 무기, 전투력의 문제였다. 하지만 지금은 정보, 언어, 이미지, 네트워크가 전장을 이룬다. 특히 전체주의 국가들은 자유국가의 열린 구조를 활용해 '자유를 무기 삼아 자유를 파괴하는 전략'을 실행하고 있다. 언론을 이용한 정보 왜곡, SNS를 활용한 여론 조작, 사이버 공격을 통한 인프라 마비, 기업 인수와 경제 의존을 통한 정책 영향력 확보, 대학·문화계·시민단체를 통한 사상 침투―이것이 현대전이다. 무기를 사용하지 않아도, 상대국의 민주주의와 국민의식, 체제 정당성을 내부로부터 붕괴시키는 침투형 전쟁. 중국과 북한의 '무형 침략'은 이미 실행되고 있다.

첫째, 이 전쟁은 심리전과 여론전의 형태로 나타난다. 중국은 포털 뉴스 댓글, 유튜브, 트위터, 인스타그램 등 SNS를 통해 친중·반미 정서를 유포하고, 한국 내 보수 진영을 향한 조롱과 왜곡된 프레임을 확산시킨다. '오마오당(五毛黨)'이라 불리는 중국의 조직적 댓글공작 집단은 이제 한국어로도 활동하며, 사드, 대만, 홍콩 인권, 북한 인권 문제 등 민감한 주제에 대해 의도된 여론 조작을 시도하고 있다. 특히 '혐중=극우'라는 왜곡된 프레임을 통해 실질적 비판을 봉쇄하고 있으며, 이는 단순한 정보전이 아니라 대한민국의 여론 생태계를 조작하고 지배하려는 장기적 전략이다.

둘째, 사이버 공간은 이미 전쟁터가 되었다. 북한의 '김수키', '라자루스' 등 사이버 해킹조직은 대한민국의 군, 정부기관, 대법원, 선관위, 언론사, 학계 등을 대상으로 수년째 '지능형 지속 공격(advanced persistent threat. APT)'을 감행하고 있다. 2023년에는 국회 외교통일위원회 소속 의원 이메일이 해킹당했고, 대법원, 한국원자력연구원, 국방부 서버까지 뚫렸다. 이는 단순한 범죄를 넘어선, 대한민국의 안보 판단 시스템 자체를 마비시키고 정보를 탈취하는 전면적 사이버 전쟁이다. 하지만 좌파 야당은 간첩처벌법 개정안조차 막으며, 이 위협에 실질적으로 대응하지 못하게 만들고 있다.

셋째, 문화와 교육을 통한 사상 침투도 이미 깊숙이 진행되고 있다. 중국은 공자학원을 통해 대한민국 대학과의 교류를 확대하고 있으며, 그 과정에서 중국 중심의 역사관과 정치관을 은근히 확산시키고 있다. 일부 대학에서는 "미국은 제국주의의 상징이고, 중국은 저항의 주체"라는 왜곡된 인식이 퍼지고 있고, 이는 좌파 성향 교수들의 담론 재생산을 통해 학생들에게 전이되고 있다. 전교조 출신 일부 교사들도 반미·반시장·반자유주의적 교육을 지속하며, 북한의 전체주의 체제에 대한 비판을 감성적 민족주의로 덮어버리고 있다.

넷째, 정치적 침투는 더 노골적이다. 대표적인 사례가 바로 화웨이와 중앙선거관리위원회 간의 기술 협력 의혹이다. 화웨이는 중국 공산당이 통제하는 기업이며, 미국·호주·영국 등 주요 국가에서는 국가 안보상 이유로 공공 인프라에서 배제된 기업이다. 그런데 대한민국의 선거 관리 인프라가 화웨이 장비나 서버 기술과 연결되었다는 의혹은, 선거의 무결성과 국민 주권의 근간을 위협하는 심각한 사안이다. 선관위는 이를 부인했지만, 정보의 투명성과 선거 시스템의 보안 구조가 외국 공산국가의 기술에 의존될 수 있다는 사실만으로도 중대한 위기다.

무엇보다 충격적인 것은 실제 거리에서의 개입 정황이다. 2016~2017년 박근혜 대통령 탄핵 국면에서, 중국인 유학생으로 보이는 참가자들이 촛불집회에 집단적으로 등장했다는 사진과 영상이 다수의 유튜브 채널과 온라인 커뮤니티에서 확인되었다. 피켓을 들고 "박근혜 퇴진"을 외치는 외국인들의 행렬은 단순한 우연이 아니라, 중국 정부의 간접적 개입 가능성을 시사하는 장면이었다. 그뿐 아니라 2024년 윤석열 대통령 탄핵 찬성 집회에서도 비슷한 모습이 포착되었으며, 중국 국적자가 시위 현장에서 활동하는 장면이 사진과 영상으로 잇따라 공유되었다. 이는 단순한 시민 참여가 아니라, 타국의 정치적 내정에 영향을 미치려는 시도로 간주될 수 있으며, 자유민주주의 국가로서 용납할 수 없는 행위다.

이 모든 현상은 하나의 목적을 향한다. 대한민국의 자유민주주의 체제를 내부로부터 약화시키고, 국민의 의식을 혼란시키며, 안보와 국정 운영의 중심축을 마비시키려는 것이다. 총과 미사일은 국경을 넘어야 침공이 되지만, 지금 우리가 겪는 전쟁은 국경이 필요 없다. 키보드 하나로, 교육 하나로, 언론 프레임 하나로 국가는 흔들릴 수 있다. 이른바 '군사 없는 전쟁', 침투형 전쟁은 물리적 무력보다 훨씬 교묘하고 지속적이며, 한 번 뚫리면 회복이 불가능한 정신과 시스템의 붕괴를 초래한다.

이 전쟁에 맞서야 한다. 적이 총을 들지 않았다고 방심해서는 안 된다. 적이 군복을 입지 않았다고 경계하지 않으면, 자유는 스스로 무너진다.

윤석열 대통령이 말한 바와 같이, "진짜 전쟁은 총을 든 순간이 아니라, 체제의 정당성과 국가 정체성이 공격받는 순간부터 시작된다." 지금 대한민국은 그 전쟁 한복판에 있다. 그리고 이 전쟁은 국가의 생존, 국민의 자유, 미래의 진로를 건 전면전이다. 이제는 현실을 직시하고, 국가 차원의 전략적 대응과 국민의 경각심이 함께 작동할 때다. 침공은 이미 시작되었고, 우리는 지금 전쟁 중이다.

4.7 조용한 침공, 무너지는 정신: 우리는 무엇을 지켜야 하는가

국가는 군대로만 지켜지지 않는다. 제도가 무너질 때 군은 나설 수 있고, 외교가 막힐 때 대안을 찾을 수 있지만, 국민의 정신이 꺾이면 그 나라는 반드시 무너진다. 지금 대한민국은 단순한 체제 위협을 넘어서, 국민의식 그 자체가 공격받고 있는 전쟁의 한복판에 서 있다. 이념은 해체되었고, 정체성은 흐려졌으며, 무엇이 대한민국의 중심이고, 우리가 지켜야 할 것이 무엇인지조차 헷갈리게 만드는 '담론의 혼란' 속에 놓여 있다.

외부의 적은 분명하다. 북한은 자유민주주의를 인정하지 않고, 중국은 국가 전체주의를 수출한다. 그러나 더 무서운 적은 내부에 있다. 자유를 의심하게 만들고, 헌법을 부끄러워하게 하며, '이 나라는 정의롭지 않다'는 감정으로 국민의 공동체 의식을 무너뜨리는 내부의 사상 공작, 그것이야말로 진짜 전선이다. 이 전쟁은 미사일이나 총탄이 아니라 언어와 이미지, 담론과 감정으로 벌어지는 전쟁이며, 그 전장은 바로 국민 개개인의 정신이다.

전쟁은 국경에서 시작되는 것이 아니라, 국민의 머릿속에서 먼저 시작된다. 북한은 총을 들었지만, 대한민국 국민은 스마트폰만을 들고 북한에 침묵한다. 중국은 정보를 조작하지만, 국민은 팩트를 외면한 채 '양비론'에 빠져 허공만 바라본다. 좌파는 체제를 해체하는 프레임을 쏟아내지만, 국민은 "보수도 똑같다"며 중도라는 이름이 상징하는 무관심으로 스스로를 무장 해제한다. 이것이 바로 체제 전쟁에서 가장 치명적인 손실이다. 국민이 더 이상 국가를 지킬 의지를 갖지 않을 때, 그 어떤 법도, 대통령도, 군도 이 나라를 지킬 수 없다. 자유를 향한 국민의 집단적 의지, 그것이야말로 체제를 방어하는 최후의 전선이다.

2024년 12월 3일, 윤석열 대통령은 대한민국 헌정사에서 보기 드문 중대한 결단을 내렸다. 자유민주주의 체제를 해체하려는 좌파 다수의 의회 권력에 맞서 헌법 제77조에 근거한 비상계엄을 선포했고, 그날 이후 대한민국 사회는 이전과는 다른 긴장과 숙연함에 잠겼다. 계엄은 단지 군대를 동원한 조치가 아니었다. 그것은 대통령으로서의 마지막 책무이자, 국민 전체에게 던지는 질문이었다. 우리는 이 체제를 정말로 지킬 의지가 있는가?

윤석열 대통령은 '반국가 세력'이라는 표현을 처음으로 공적 연설에서 사용하며, 단순한 정치적 대립을 넘어서 대한민국 내부에 체제를 허무는 세력이 실제로 존재한다는 사실을 선언했다. 그 선언은 한편으로는 좌파 언론의 거센 반발을 불러왔지만, 다른 한편으로는 침묵하던 보수 국민들의 의식을 일깨우는 신호탄이 되었다. 특히 2030 청년 세대는 이 사건을 계기로 '민주'라는 말로 포장되었던 좌파의 실체를 직시하기 시작했고, 자유의 가치를 공감과 감정이 아니라 책임과 행동의 문제로 인식하게 되었다.

윤 대통령의 비상계엄은 과거의 계엄과는 결이 달랐다. 그것은 국민의 정신적 근육을 일깨우는 전환점이었고, 한국 사회가 이제는 진짜 체제 선택의 기로에 섰다는 경고였다. 그리고 그 경고는 더 이상 '보수 정치인'만이 아닌, '보수 국민'이 받아들여야 할 시대적 사명이 되었다.

이제 보수는 단지 과거의 질서를 회복하는 세력이 아니다. 보수는 더 이상 '반대하지 않으면 반대를 당하는 시대'에 대해서 더이상 침묵할 수 없다. 지금 보수가 해야 할 일은 단 하나, 국민에게 다시 자유를 말하는 것이다. 그러나 그 자유는 단순한 권리의 나열이 아니다. 그것은 공동체를 지키기 위한 의무와 책임, 그리고 스스로를 통제할 줄 아는 도덕적 주체로서의 각성을 전제로 한다.

보수는 국민에게 말해야 한다. 우리는 무엇을 지키고자 하는가? 그것은 대한민국의 땅이 아니라, 대한민국의 정신이다. 그것은 전통이라는 단어가 아니라, 자유라는 철학이다. 그리고 그것은 특정 정권이 아닌, 미래 세대가 숨 쉴 수 있는 체제의 숨결이다. 보수는 이 체제를 지켜야 한다. 그것이 바로 헌법을 사랑한다는 뜻이며, 조국을 사랑한다는 말의 무게다.

진정한 보수는 단지 현상을 유지하는 세력이 아니다. 진정한 보수는 역사의 마지막 방어선에서, 비로소 가장 급진적으로 국가를 지켜내는 세력이다. 그리고 그 중심에는 '국민정신'이라는 보이지 않는 힘이 있다. 그 정신은 평시에는 침묵할 수 있지만, 체제가 위기에 처했을 때 스스로를 깨운다. 자유를 침범당할 때는 성난 침묵이 되고, 정의를 왜곡당할 때는 도전하는 양심이 된다. 그것이 바로 우리가 지켜야 할 정신이다.

이제 보수는 정치가 아니라 국민의식의 전장을 향해 나아가야 한다. 교과서를 되찾고, 언론의 진실을 회복하고, 공동체 속에서 자유와 책임의 언어를 복원해야 한다. 국가는 국민이 지킨다. 헌법은 교육으로, 언론으로, 문화로, 행동으로 전파될 때 살아 숨 쉰다. 그리고 그 일을 해낼 수 있는 유일한 세력은, 바로 '자유와 책임'을 동시에 말할 수 있는 보수다.

우리는 지금 묻지 않을 수 없다. 무엇을 지키고, 무엇을 잃을 것인가. 헌법인가, 권력인가. 자유인가, 침묵인가. 대한민국은 단 한 세대의 방심만으로도 무너질 수 있는 취약한 체제를 갖고 있다. 그러나 동시에, 단 한 세대의 각성만으로도 다시 일어설 수 있는 잠재된 힘을 갖고 있다. 지금 우리가 살아가는 이 시대는 단지 정치의 위기가 아니라, 국민정신의 위기이며, 자유의식의 고갈이다. 그러나 희망은 있다. 자유는 무너진 순간에 진짜 의미를 되찾고, 국민은 위기 속에서야 진실을 직시하게 된다.

윤석열 대통령의 결단은 권력의 명령이 아니라, 국민에게 보내는 마지막 신호였다. 당신은, 이 체제를 지킬 준비가 되어 있는가? 지금 필요한 것은 새로운 이념도, 정권 교체도 아니다. 지금 필요한 것은 국민정신의 각성이다. 가족 안에서, 교

실 안에서, 뉴스 속에서, 일상과 말 속에서 스스로를 자유의 국민으로 인식하는 깨어 있는 시민의 시대를 만들어야 한다. 그 정신이 살아 있는 한, 이 나라는 쓰러지지 않는다.

대한민국 체제전쟁
우상과 이성

제5장

다시 자유의 편에 서다

한미동맹, 한일관계, 그리고 동아시아의 재편

자유세계인가,
중국몽인가

대한민국은 지금 선택의 갈림길에 서 있다. 한쪽은 자유세계이며, 다른 한쪽은 전체주의의 블랙홀이다. 한미동맹은 생존의 조건이며, 한일관계는 안보와 경제를 잇는 필수 축이다. 하지만 좌파는 반미와 반일 감정을 선동하며 국민을 외교적 고립으로 이끌고, 중국의 권위주의에는 침묵하거나 굴복해 왔다. 트럼프 2기 행정부가 출범한 지금, 미·중 전략 경쟁은 더 거세지고 있으며, 대한민국은 더 이상 중립을 가장할 수 없다.

이 장은 한국이 어디에 설 것인가를 묻는다. 자유진영과 함께 서지 않으면, 결국 자유의 문턱 밖으로 밀려나게 된다.

제5장

5.1 한미동맹은 선택이 아닌 생존

대한민국은 세계에서 가장 특수한 지정학적 조건 위에 놓인 나라다. 북쪽으로는 핵무장을 완료한 전체주의 국가 북한이 도사리고 있고, 동쪽으로는 역사적 복잡성과 경쟁의식을 가진 일본, 서쪽으로는 세계에서 가장 강력한 전체주의 제국인 중국이 버티고 있다. 그 중간에 있는 대한민국은 단지 경제 규모로 보자면 G7(Group of Seven, G7)(미국, 일본, 독일, 영국, 프랑스, 이탈리아, 캐나다) 문턱에 근접한 국가지만, 그 외피 아래에는 여전히 전쟁의 위기, 체제의 위협, 외교적 고립이라는 구조적 불안이 상존하고 있다. 이 나라가 지금껏 살아남을 수 있었던 이유는 단 하나, 자유진영의 중심국가인 미국과의 굳건한 동맹이 있었기 때문이다.

한미동맹은 단지 국제적 약속이 아니다. 그것은 대한민국이 자유민주주의 체제를 선택한 순간부터, 그 체제를 지키기 위해 반드시 함께해야 했던 운명의 파트너였다. 1950년, 북한이 소련과 중국의 지원을 받아 남침했을 때, 미국은 대한민국을 방어하기 위해 참전했고, 3만7천 명에 달하는 미군이 목숨을 바쳐 이 땅을 지켰다. 그것은 단지 군사적 개입이 아니라, 자유를 위한 연대의 시작이었다. 그리고 그때부터 지금까지, 한미동맹은 대한민국의 군사, 경제, 외교, 심지어 사상과 가치관의 기반을 지탱해온 체제 보증이자 생존 기반이었다.

그러나 이 동맹의 의미는 어느 순간부터 왜곡되기 시작했다. 특히 진보정권 시기, 한미동맹은 '굴욕적', '종속적'이라는 비난을 받았고, 미국은 패권주의자이자 간섭자로 묘사되었다. 좌파 정치인들과 일부 언론은 한미연합훈련을 '전쟁 연습'이라고 부르며 중단을 요구했고, 주한미군의 주둔은 '자주권 침해'라는 말로 공격받았다. 그들은 '균형외교', '평화체제'라는 미명 아래 미국과의 전략적 거리두기를 시도했지만, 그 결과는 오히려 대한민국의 고립과 북핵 리스크의 증폭이었다. 한미동맹을 약화시키는 순간, 가장 먼저 웃는 쪽은 북한이었고, 그다음은 중국이었다.

윤석열 대통령의 집권은 그 의미에서 단지 정권 교체가 아니었다. 그것은 한미동맹을 다시 본궤도로 되돌리기 위한 체제 정상화의 과정이었다. 윤 대통령은 당선 직후 바이든 대통령과의 통화를 통해 '규범에 기초한 국제질서의 수호'라는 공통 언어를 확인했고, 취임 후에는 5년 만에 한미연합훈련을 전면 재개했으며, 확장억제 전략을 보다 실질적이고 공격적인 억지로 전환했다. 그 외교 노선은 단순히 미국을 향한 외교적 기울임이 아니라, 대한민국의 국가정체성과 체제 방어를 위한 필수 전략이었다. 윤석열 정부는 자유민주주의의 파트너가 누구이며, 전체주의와 싸우는 데 필요한 실질적 연대가 무엇인지 국민에게 다시 물었다.

한미동맹은 단순한 이익의 교환 관계가 아니다. 그것은 자유와 전체주의의 문명 충돌에서 대한민국이 어느 편에 설 것인가에 대한 문명적 선언이다. 미국은 완전하지 않다. 그들도 때로는 자국의 이익을 우선하며, 동맹국에 대해 일방적 결정을 내릴 때가 있다. 그러나 그럼에도 불구하고 미국은 자유를 지키기 위해 피를 흘린 나라이고, 자유를 체제의 중심에 둔 국가다. 우리가 그들과 함께한다는 것은 단지 안보를 공유한다는 뜻이 아니라, '어떤 가치에 뿌리를 두고 살아갈 것인가'에 대한 선택을 확인하는 일이다.

한미동맹의 위기는 곧 대한민국의 체제 위기다. 북한이 미사일을 쏘고, 중국이 경제 보복을 감행할 때, 한미 간의 군사동맹이 약화되면 우리는 독자적 대응을 상상조차 하기 어렵다. 경제적 자립은 가능할지 몰라도, 안보적 독립은 결코 혼자서 달성할 수 없다. 특히 북한이 핵을 실전 배치한 지금, 미국의 확장억제는 대한민국이 핵무기를 갖지 않고도 핵 억지력을 확보할 수 있는 유일한 옵션이며, 그 신뢰를 유지하는 것이야말로 현실적 평화를 위한 절대 조건이다.

그러나 2025년 출범한 트럼프 2기 행정부는 한미동맹의 또 다른 구조적 도전 요인이 될 수 있다. 도널드 트럼프 대통령은 재임 초기부터 '미국우선주의(America First)'와 '미국을 다시 위대하게(Make America Great Again, MAGA)'라는 기조를 앞세워, 동맹보다는 자국 이익을 중시하는 전략을 노골화해 왔다. 특히 2024년 대선 당시 그는 한국 등 동맹국에 대해 방위비 증액을 요구하며, 방위조약의 재검토 가능성을 언급한 바 있으며, 한국 수출품 전반에 25%의 일괄 관세를 부과할 수 있다고 공언했다. 북핵 문제에 대해서도 한국 정부와의 접근 방식에 이견이 발생할 가능성이 존재하며, 이로 인해 외교적 마찰과 안보전략 조율에 상당한 부담이 생길 수 있다. 대한민국은 지금, 한미동맹을 강화하는 동시에 이러한 미국의 변화된 전략을 감안한 외교적 유연성과 대응 전략을 함께 마련해야 하는 이중의 과제에 직면해 있다.

하지만 동맹은 결코 저절로 유지되지 않는다. 미국이 동맹을 중시하는 이유는 그 동맹이 신뢰를 바탕으로 작동하기 때문이다. 대한민국 내부에서 미국을 비난하고, 반미 정서를 조장하며, 한미훈련을 공격하는 목소리가 높아질수록, 미국의 동맹에 대한 신뢰는 흔들릴 수밖에 없다. 윤석열 정부가 다시 세운 한미동맹은 지금도 진보 성향 정치세력과 일부 시민단체, 친중좌파 언론의 공격을 받고 있다. 그 공격은 미국을 향한 것이 아니라, 사실상 대한민국의 자유민주주의 체제를 향한 것이며, 한미동맹이라는 체제 보증을 무력화시키기 위한 정치적 기획이다.

보수는 이 동맹을 지켜야 한다. 그 이유는 단지 친미라서가 아니다. 그것은 대한민국이 자유를 중심 가치로 세운 국가이며, 그 자유를 지켜낼 유일한 동맹이 바로 미국이라는 사실 때문이다. 그리고 윤석열 대통령의 외교 기조는 바로 이 원칙 위에 서 있다. 국제무대에서 자유민주주의 연대의 복원을 말하고, 핵 억지력을 실질화하며, 미국과의 고위급 협의를 정례화하고, 일본과의 안보협력까지 함께 추진하는 전략은 단지 외교의 기술이 아니라, 체제를 지키는 국가 생존 전략이다.

선택의 여지가 없다. 한미동맹은 대안 중 하나가 아니다. 그것은 자유 대한민국이 존재하기 위한 생존의 조건이며, 동시에 문명적 선택이다. 이 땅이 김정은의 핵 인질이 되지 않도록 하기 위해, 이 사회가 중국의 침투와 검열에 잠식당하지 않도록 하기 위해, 그리고 자유의 가치를 끝까지 지켜내기 위해, 대한민국은 반드시 미국과 함께 가야 한다.

그리고 그 길을 지키는 자들이야말로, 오늘날 진정한 보수이고 자유우파다.

5.2 미·중 전략경쟁 속 한국의 좌표

2025년 1월 20일, 도널드 트럼프는 미국 대통령으로 다시 복귀했다. 세계는 다시 한 번 충격을 받았지만, 동시에 예고된 변화였다. 그는 첫 번째 임기 내내 '미국 우선주의(America First)'를 내세우며 동맹국들에게 자주적 방위를 요구했고, 무엇보다 중국의 굴기에 대해 가장 거칠고 공격적인 견제 정책을 시행했던 지도자였다. 그리고 지금, 두 번째 임기를 시작하며 트럼프는 단호하게 선언했다. 미국의 최우선 과제는 중국 공산당의 팽창을 막는 것이며, 중국이 집중하고 있는 기술굴기를 국제질서의 최대 위협으로 간주하겠다는 것이다. 그 중심에는 반도체, AI, 통신망, 항공우주, 에너지 공급망이 있으며, 그 전선 한복판에 바로 대한민국이 서 있다.

대한민국은 경제 규모로 보면 세계 10위권, 수출 의존도가 매우 높은 무역국가이지만, 지정학적으로는 미·중 전략경쟁의 접점이자 압력지대에 서 있는 가장 취약한 중간지대였다. 미국은 동맹으로서 한국의 실질적 기여를 요구했고, 중국은 경제 보복과 외교적 고립을 암시하며 한국의 중립을 압박했다.

'균형외교', '전략적 모호성'이라는 수사는 더 이상 복잡한 현실을 설명할 수 없다. 대한민국은 어느 편에 설 것인가를 분명히 밝혀야 하고, 그 선택은 단지 외교적 스탠스의 문제가 아니라, 대한민국의 정체성과 체제를 가르는 문명적 질문이다.

문제는 이 나라 내부의 인식이다. 일부 진보 세력은 '한미동맹은 중요하지만, 중국과의 관계도 유지해야 한다'는 모호한 입장을 고수했다. 그들은 동맹을 말하면서도 훈련에는 반대했고, 자유를 말하면서도 중국의 내정 간섭에는 침묵했으며, 민주주의를 말하면서도 중국의 검열과 압박에는 굴종했다. 그리고 그들은 이러한 태도를 '균형'이라 불렀다. 그러나 국제질서는 더 이상 그런 여유를 허락하지 않았다. 미국은 동맹의 실질적 행동을 요구했고, 중국은 한국이 조금이라도 미국 쪽으로 기울면 경제적·외교적 보복을 가하려는 태세로 노골적인 압박을 강화하고 있었다. 선택을 유예하는 것은 중립이 아니라 무기력이었고, 그 무기력은 외교적 자살이었다.

트럼프 행정부의 귀환은 대한민국 외교안보 전략의 재정립을 요구한다. 미국은 더 이상 '좋은 친구'가 아니라, 함께 적을 상대해야 하는 전장의 파트너다. 미국의 정책은 명확하다. 미국의 첨단산업은 중국과 기술 공유를 하지 않을 것이며, 동맹국이 중국 기업과 협력할 경우, 그 동맹의 지위를 재검토하겠다는 입장을 숨기지 않고 있다. 화웨이, ZTE, 중국 반도체 굴기 등에 대한 미국의 압박은 점점 더 강화되고 있으며, 반도체와 AI, 배터리, 방위산업 분야에서 '친미 기술동맹'이 새롭게 재편되고 있다. 대한민국의 삼성전자, SK하이닉스, 현대차, 방산 기업들은 모두 이 전선의 최전방에 서 있다.

윤석열 대통령은 이러한 국제질서를 누구보다 명확히 이해했던 지도자였다. 그는 바이든 정부 시절부터 한미동맹의 복원을 강력히 추진했고, 반도체 공급망, 핵심기술 동맹, 인도-태평양 전략 참여에 적극적이었다. 미국과의 첨단기술 협력, 우크라이나에 대한 국제적 연대, 중국의 경제공작에 대한 경계 등 외교 전반에 걸쳐 대한민국이 '자유의 진영'에 분명한 입장을 세우도록 이끌었다. 윤 대통령의 이 같은 행보는 단지 동맹 강화를 넘어, 자유를 핵심으로 하는 체제 정체성을 외교로 표현한 실천이었다.

그러나 그는 결국 정치적 갈등의 소용돌이 속에서, 2024년 4월 4일 탄핵인용이라는 비극적인 결말을 맞이했다. 자유의 진영을 지키려는 지도자가 자유를 말할 권리조차 박탈당한 그 장면은, 오늘의 대한민국이 처한 체제전쟁의 민낯이었다. 윤석열 대통령이 펼쳤던 자유우방 중심 외교 전략은 이제 역사의 문서 속으로만 남아 있게 되었지만, 그 철학과 방향성은 결코 사라지지 않았다. 그것은 자유우파 보수가 반드시 계승하고, 국민과 함께 다시 세워야 할 국가적 과업으로 남아 있다.

보수는 분명히 말해야 한다. 우리가 미국과의 동맹을 강화하고, 미국의 전략과 보조를 맞추는 것은 단지 강대국의 눈치를 보기 위함이 아니다. 그것은 대한민국이 자유를 기초로 한 문명에 속해 있다는 정체성의 확인이며, 전체주의적 디지털 감시국가를 지향하는 중국과는 근본적으로 다른 철학을 지녔다는 체제의 선언이다. 경제는 중요하다. 그러나 시장은 언제든지 바뀔 수 있다. 하지만 체제는, 한 번 무너지면 되돌릴 수 없다. 그리고 지금 대한민국은 체제의 우방을 선택해야 하는 시점에 다시 서 있다.

자유우파는 국민에게 설명해야 한다. 왜 우리가 중국의 경제적 유혹보다 미국과의 동맹을 선택해야 했는지, 왜 전략적 모호성이 아닌 전략적 명확성을 향해 나아가야 했는지를.

윤석열 대통령이 걸어갔던 외교 전략은 단지 한 정권의 선택이 아니라, 대한민국이 선택해야 할 문명적 진로였다. 그가 떠난 지금, 오히려 우리는 그가 왜 그 길을 택했는지를 더 명확히 설명해야 할 책무를 안고 있다. 그리고 그 설명은 단지 외교 정책이 아닌, 국민 정체성의 확인이 되어야 한다.

이 전선은 전쟁의 전선이 아니다. 이것은 문명의 경계선이며, 체제의 구분선이고, 미래의 방향이다. 대한민국은 더 이상 회색지대에 머물 수 없다. 이제는 분명한 길을 선택해야 한다. 그리고 그 길의 이름은 '자유'이며, 그 동맹의 이름은 '미국'이다. 윤 대통령이 열어젖힌 그 길 위에서, 보수는 이제 다시 책임을 져야 한다. 그것이 우리가 자유를 지켜내는 유일한 방법이기 때문이다.

5.3 한일관계는 왜 회복되어야 하는가

한일관계는 언제나 정치와 감정, 역사와 현실이 복잡하게 뒤얽힌 외교의 난제였다. 그러나 지금 우리는 묻지 않을 수 없다. 이 관계는 영원히 과거에 갇혀 있어야 하는가, 아니면 미래를 위한 전략으로 다시 세워져야 하는가. 대한민국은 지금 미중 전략경쟁의 핵심 축에 놓인 자유민주주의 국가이며, 북한이라는 군사적 위협을 상시로 마주한 분단국가다. 이러한 지정학적 현실에서 일본은 단지 과거의 식민지 지배국이 아니라, 자유진영 내에서 대한민국과 가장 가까운 안보적 파트너이자 기술·경제 협력의 필수 국가다. 이제 한일관계는 감정이 아니라 생존의 문제이며, 동맹이 아니라 문명적 연대의 문제다.

그러나 좌파 정치세력은 오랫동안 이 관계를 '이념의 도구'로 전락시켰다. 그들은 한일 간 과거사 문제를 지속적으로 정치화하며 반일 감정을 정권 유지의 자산처럼 활용해왔다. 최근의 대표적인 사례가 바로 후쿠시마 오염수 괴담이다. 2023년과 2024년, 국제원자력기구(IAEA)를 비롯한 다수의 과학기관이 후쿠시마 오염수 방류에 대해 '국제 기준에 부합하며, 인체에 해를 줄 수 있는 수준이 아니다'라고 발표했음에도 불구하고, 좌파 언론과 야당은 '바닷물에 섞인 방사능 참치', '태평양 죽음의 해류', '해산물 포비아' 같은 자극적 구호를 퍼뜨렸다. 마치 일본이 한국 국민을 겨냥해 방사능을 흘려보내는 것처럼 여론을 선동했고, 서울 시내 학교 급식에 일본산 소금이 들어간다는 괴담까지 확산시켰다. 이 모든 것이 과학적 사실이 아닌 정치적 선동이었다.

이 괴담 정치가 초래한 결과는 단순한 사회적 혼란에 그치지 않았다. 국민의 불안을 잠재우기 위해 정부는 2023년 하반기부터 전국적으로 해양수산물, 소금, 해수, 공기 등을 대상으로 총 1,500건이 넘는 정밀 방사능 검사를 실시했다. 그 과정에서 식약처, 해수부, 원안위 등 관련 부처가 투입한 예산만 수십억 원에 이르렀다. 그러나 그 결과는 명확했다. 일본산 수산물은 물론, 국산 어류와 해산물, 소금에서도 방사성 물질은 극히 미미하거나, 전혀 검출되지 않았다. 국제 기준뿐 아니라 국내 안전 기준을 훨씬 밑도는 수치였고, 의학적·환경적으로도 문제가 되지 않는다는 것이 과학의 결론이었다.

하지만 문제는 그다음이었다. 이렇게 명백한 결과가 나왔음에도 불구하고, 좌파 정치권은 단 한 마디 사과도 하지 않았다. 오히려 괴담을 유포한 책임은 감춘 채, 검사 결과에 대한 불신을 다시 확산시켰고, 일부 언론은 그간의 선동을 수정하거나 반성하기는커녕 다시 침묵으로 일관했다. 국민의 불안을 자극해 예산을 낭비하게 만든 데 대한 어떤 반성도 없었고, 그들은 스스로의 책임에 대해 무감각했다. 과학이 말해준 명확한 진실 앞에서조차 이들은 침묵을 택했고, 자신들이 만든 괴담의 후과조차 정치적 책임으로부터 도망쳤다.

이것이 좌파 정치의 민낯이다. 사실보다 선동, 과학보다 구호, 책임보다 구도(構圖)를 앞세운 괴담 정치의 끝은 이렇게 국가

의 예산을 낭비하고, 국민의 상식을 파괴하며, 진실 앞에 침묵하는 뻔뻔함으로 귀결된다.

그 선동의 기원은 결코 낯설지 않다. 바로 2016년 사드(THAAD) 배치 당시, 좌파 시민단체와 일부 국회의원들이 퍼뜨린 '전자파 괴담'이 대표적이다. 성주 지역에 배치된 사드의 전자파가 참외를 익히고, 주민의 뇌를 태우며, 가축이 기형을 낳는다는 주장은 당시 방송과 인터넷에 떠돌았고, 실제로 "전자파에 튀겨진 성주 참외"라는 문구까지 등장하며 주민들의 불안 심리를 자극했다. 그러나 이후 국방부와 해외 독립 과학자들이 확인한 결과, 사드에서 발생하는 전자파는 휴대전화 기지국 수준의 미세한 전파에 불과했으며, 어떤 농작물에도 영향을 미치지 않는 수준이었다. 그럼에도 불구하고 선동은 멈추지 않았고, 해당 지역은 수년간 피해를 입었다. 이처럼 좌파는 과학보다 감정, 사실보다 프레임을 택해왔다.

이러한 괴담 정치와 반일 선동은 단순한 왜곡이 아니다. 그것은 대한민국이 진짜 적과 마주하는 것을 회피하게 만들고, 자유진영 내의 협력을 파괴하며, 우리 체제의 정당성을 약화시키는 전략적 공격이었다. 좌파 정치인들은 한편으로는 일본의 과거사를 집요하게 비판하면서도, 정작 북한의 김정은 체제에 대해서는 한마디 비판조차 하지 않는다. 일본은 식민지 가해국이므로 영원히 규탄받아야 한다고 외치면서도, 북한의 인권 탄압, 총살, 아사, 억류 문제에 대해서는 침묵하거나 '대화와 평화'라는 모호한 수사로 회피해왔다. 이것은 이중잣대이자, 정체성 없는 외교이며, 결국 대한민국을 자유진영에서 고립시키는 자해적 외교다.

문제는, 이런 선동이 단순한 감정 표현을 넘어 정치적 동원과 체제 교란의 수단으로 악용되고 있다는 점이다. 반일은 좌파에게 있어 언제든 끌어올릴 수 있는 가장 손쉬운 선동의 레퍼토리이며, '죽창가'를 부르짖는 감성적 구호는 이념적 전투의 호루라기 역할을 해왔다. 그들은 국민의 분노를 자극하고, 외교적 합리성을 무너뜨리면서도, 그 책임은 늘 모호하게 피한다. 대한민국은 언제까지 이 낡은 죽창가의 선율에 휘둘려야 하는가. 일본에 대한 증오심을 정권 연장의 정치적 도구로 활용하려는 세력들의 계산에, 과연 언제까지 국민 전체가 휘말려야 하는가.

좌파가 만든 이 감정 정치의 본질은 '외부의 적'보다 더 깊고 위험한 내부의 문제다. 그들이 조작한 프레임은 국민의 눈을 가리고, 자유와 번영을 위한 국제 협력을 가로막으며, 결과적으로는 대한민국의 국익과 체제를 흔들어 놓는다. 더 이상 우리는 왜곡된 역사 해석과 증오 선동에 나라의 미래를 맡길 수 없다. 이념은 진실을 지우고, 증오는 이성을 파괴한다. 이 괴담 정치와 감정 외교에 대한 결별이야말로, 오늘날 보수가 말해야 할 가장 절박한 외교 전략이다.

현실적으로 대한민국은 일본과 협력하지 않고는 안보, 경제, 기술, 외교 어느 하나도 완전한 독립적 성과를 이룰 수 없다. 북한 핵문제 대응을 위한 한미일 군사 및 정보협력, 공급망 재편을 위한 반도체 소재 협력, 중국 경제 의존도를 줄이기 위한 시장 다변화 모두 일본이라는 파트너 없이 실현되기 어렵다. 일본 역시 한국의 기술력과 시장, 안보 공동체로서의 협력이 절실하다. 그러나 이 협력은 감정의 감옥에서 탈출해야 가능하며, 그것이 바로 자유우파가 제시해야 할 국가 전략의 방향이다.

윤석열 대통령은 이러한 현실을 정면으로 응시했다. 그는 취임 이후 과거사에 대한 불필요한 외교적 대립을 종결하고, 미래 협력 중심의 한일관계를 선언했다. 기시다 일본 총리와의 정상회담에서는 과거의 아픔을 인정하면서도, 미래를 위한 연대의 필요성을 강조했고, 특히 북한 위협에 공동 대응할 수 있는 안보 채널 구축에 합의했다. 사법부 판단과 외교적 해법 사이의 긴장 속에서도, 윤 대통령은 '미래를 위한 현실적 결단'이라는 철학 아래 실용적 한일관계를 복원해냈다. 이는 단지 외교가 아니라, 보수적 현실감각의 승리이자, 자유진영 내 국가 간 책임의 복원이었다.

보수는 분명히 말해야 한다. 한일관계는 과거에 매달려 증오를 되새김질할 대상이 아니다. 그것은 미래의 생존을 위해 조율하고 회복해야 할 실용의 공간이다. 좌파가 과거를 정권 유지의 도구로 삼는 동안, 대한민국은 미래의 전략을 놓쳐왔다. 그러나 이제 자유우파는 대한민국의 좌표를 다시 설정해야 한다. 그 좌표는 분명하다. 자유와 민주주의, 개방과 협력, 그리고 체제의 수호를 위한 국제연대다. 일본은 우리가 반드시 넘어야 할 대상이 아니라, 함께 걸어야 할 파트너다.

지금 우리가 해야 할 일은 과거를 잊는 것이 아니라, 과거를 넘는 일이다. 피해의 기억은 존중되어야 하며, 역사의 아픔은 지워져서는 안 된다. 그러나 국가가 그 기억 속에 갇혀 미래의 전략을 포기한다면, 그것은 더 이상 존엄이 아니라 집단적 자해다. 일본과의 협력은 우리의 생존 전략이고, 국제 질서 속에서의 책임 있는 선택이다. 그 협력은 굴욕이 아니라, 자유를 지키기 위한 성숙한 결단이다.

이제 대한민국은 증오로는 미래를 설계할 수 없다는 사실을 국민에게 설명해야 한다. 과거를 직시하되, 미래를 향해 손을 내밀 수 있는 나라야말로 진정한 선진국이며, 자유민주주의의 리더다. 그리고 그 길을 가는 책임은 바로 자유우파의 손에 달려 있다.

5.4 중국몽인가, 자유세계인가

중국몽(中國夢). 시진핑이 집권한 이래, 중국은 더 이상 '세계의 공장'이기를 멈추고 '문명 주도국'을 자처하는 제국적 야심을 드러냈다. 그들이 말하는 중국몽은 단순한 경제적 번영이 아니라, 전 세계 질서를 다시 쓰겠다는 선언이다. 미국 중심의 자유질서를 해체하고, 공산당이 통제하는 디지털 전체주의를 새로운 모델로 수출하겠다는 계획이다. 이 구상은 안보와 외교, 기술과 경제를 넘어서 이제는 '사고방식과 가치체계'에까지 침투해 들어오고 있으며, 대한민국은 이 거대한 야망의 실험대 위에 올라 있다. 문제는, 우리가 그 중국몽에 맞서는 대신 스스로 고개를 숙였던 시절이 분명히 있었다는 사실이다.

문재인 전 대통령은 재임 중 중국과의 관계를 '전략적 협력 동반자'로 설정하면서 한미일 동맹 중심의 외교에서 점점 이탈하는 경향을 보였다. 그 상징적 장면이 바로 2017년 중국 베이징 방문 당시의 발언이다. 그는 "중국은 큰 산이고, 우리는 그 옆의 작은 산봉우리"라고 말했다. 외교적 수사라고 하기엔 지나칠 정도로 일방적이고 굴욕적인 표현이었다. 주권국가의 대통령이 자국을 '작은 산봉우리'에 비유하며, 상대국의 위대함을 찬양하는 그 장면은 많은 국민들에게 충격이었다. 그리고 그 굴욕은 단지 말에서 끝나지 않았다. 바로 그 방문 중 한국 기자들이 중국 공안에게 집단 폭행을 당했지만, 청와대는 제대로 된 항의조차 하지 못했다. 한 나라의 자존이 짓밟혔는데도, 대통령은 오히려 "중국과 함께 미래를 열겠다"고 말했다. 그것은 외교가 아니라 복종이었다.

이러한 굴종은 비단 한 장면의 실수가 아니었다. 문재인 정권 내내 이어진 '3불 정책'—사드 추가 배치 불가, 미국 미사일 방어체계(MD) 불참, 한미일 군사동맹 불가—는 대한민국의 안보주권을 스스로 제한한 결정이었다. 그 배경에는 노골적인 중국의 압박이 있었지만, 정부는 이를 '주권적 판단'이라며 포장했다. 그러나 누구나 알고 있었다. 그것은 중국몽 앞에 고개 숙인 대한민국의 민낯이었다.

비슷한 굴욕은 2021년에도 있었다. 당시 문재인 정부는 '동북공정' 문제에 대해 단 한 차례도 공식 항의하지 않았고, 중국이 조선족과 고구려·발해사를 '중국 역사'로 편입하는 과정에서 외교부는 침묵했다. 반면 일본의 교과서 기술 하나에는 거센 항의와 담화를 반복했다. 두 이웃 국가에 대한 이중 잣대, 그리고 강한 자에게는 약하고, 약한 자에게는 강한 '외교의 비겁함'이 그 본질이었다.

이처럼 문재인 정권의 외교는 일관되게 중국을 향해 기울었고, 그 태도는 단지 이념의 문제가 아니라 대한민국의 체제적 정체성을 흔드는 위험이었다. 대한민국은 자유민주주의와 시장경제를 근간으로 하는 나라다. 그러나 문재인 정권은 그런 기본 전제를 잠시라도 접고, 중국의 '경제력'과 '평화 담론'에 의존하려 했다. 그들이 말한 평화는 북한의 눈치를 보는 것이었고, 그들이 말한 실용은 중국의 눈치를 보는 것이었다. 결국

이 정권은 대한민국을 자유세계에서 고립시키고, 중국몽의 변두리에 끌어다 놓은 것이다.

중국몽은 겉으로는 번영을 약속하지만, 그 이면에는 철저한 통제와 복종이 있다. 그들은 자국민의 이동도, 언론도, 인터넷도 감시하며, 공산당의 지시에 이의를 제기하는 모든 행동을 '사회 불안 요소'로 간주한다. 이런 체제를 모델로 삼고, 이를 국제사회에 수출하겠다는 것이 바로 중국몽이다. 따라서 중국이 말하는 '상호존중'은 결국 '중국의 입장을 따라라'는 의미이고, 그들이 말하는 '평화'는 '중국을 불편하게 하지 말라'는 신호일 뿐이다. 그런 세계관과 체제를 대한민국이 수용하거나 이에 굴복한다면, 그 순간 우리는 자유를 잃고, 진실을 말할 권리를 잃으며, 우리 체제의 핵심인 헌법적 가치마저 훼손당하게 된다.

자유세계는 이러한 전체주의적 모델에 맞서 싸워온 문명의 진영이다. 미국과 유럽, 일본, 대만, 호주 등은 자유의 확산, 개인의 존엄, 시장의 개방을 지향해왔으며, 이는 단순한 경제정책의 방향이 아니라, 인간 존재를 어떻게 이해할 것인가에 대한 철학의 차이다.

자유세계는 완전하지 않다. 때로는 실망을 주고, 자기중심적이기도 하다. 그러나 그들은 자유의 언어를 사용하며, 이견을 허용하고, 비판을 받아들일 줄 안다. 그리고 그 자유를 지키기 위해 싸울 준비가 되어 있는 나라들이다. 대한민국이 있어야 할 자리는 바로 이 진영이며, 우리는 선택해야 한다. 중국몽의 변방이 될 것인가, 자유세계의 동반자가 될 것인가.

윤석열 대통령은 이 문명적 선택을 분명히 했다. 그는 취임 직후 한미동맹의 복원을 최우선 외교과제로 삼았고, 한일관계 회복, 인도·태평양 전략 참여, 나토 정상회의 참석 등을 통해 대한민국을 다시 자유세계의 외교 중심축으로 끌어올렸다. 중국의 압력과 노골적인 불쾌감이 드러났을 때에도 그는 굴하지 않았다. 중국몽에 기대어 대한민국의 미래를 설계할 수 없으며, 우리는 자유민주주의와 시장경제, 인권과 법치라는 공통의 가치 위에서 국제사회와 연대해야 한다는 그의 외교철학은, 단지 외교적 기술이 아니라 대한민국의 정체성을 지켜내기 위한 실존적 결단이었다.

이제 우리는 질문해야 한다. 우리가 꿈꾸는 나라는 무엇인가. 중국의 '큰 산' 아래 작은 봉우리가 되는 나라일 것인가, 아니면 자유세계와 어깨를 나란히 하는 독립된 주권국가일 것인가. 대한민국은 더 이상 과거의 피해의식에 머무를 수 없고, 편리한 경제에 취해 체제의 뿌리를 버릴 수도 없다.

우리의 선택은 분명하다. 우리는 자유의 편에 서야 하며, 자유세계의 일원으로서 더 당당하고 뚜렷한 길을 걸어가야 한다. 그 길만이 우리가 대한민국이라는 이름으로 살아남을 수 있는 유일한 길이다.

5.5 보수의 시선으로 본 동아시아 신질서

동아시아는 지금 거대한 문명적 재편의 격랑 위에 서 있다. 이 지역은 단순히 경제적 경쟁의 공간이 아니라, 체제와 가치, 국가의 존립 방식이 충돌하는 전선이다. 미국은 자유와 개방, 동맹과 연대를 중심으로 한 인도·태평양 전략을 추진하고 있고, 중국은 일대일로와 아시아 주도권을 내세워 새로운 제국적 질서를 설계하고 있다. 일본은 자위권을 넘어선 안보국가로의 전환을 공식화했고, 대만은 생존을 걸고 전체주의의 압력에 맞서고 있으며, 북한은 핵무기를 손에 쥐고 스스로를 고립된 전초기지로 만든 채 긴장을 고조시키고 있다. 이러한 복합적인 충돌 구도 속에서 대한민국은 가장 민감한 지정학적 축 위에 서 있다. 이 전선의 한가운데서 한국은 선택을 강요받고 있으며, 동시에 스스로의 전략적 좌표를 분명히 하지 못하면 역사의 격랑에 휘말려 방향을 잃게 된다.

보수의 시선에서 이 동아시아는 단지 외교나 무역의 대상이 아니다. 그것은 자유를 지키기 위한 연대의 전선이며, 대한민국의 체제를 방어하기 위한 지정학적 현실이다. 동맹은 더 이상 옵션이 아니라 방어선이고, 외교는 더 이상 중립의 미덕이 아니라 진영의 선택이 되어야 한다. 보수는 이 현실을 있는 그대로 받아들여야 한다. 과거 진보정권이 외교를 정권 유지의 수단으로 삼고, 반미·반일·친중 정서를 자극하며 국민 정서를 조작했던 시절은 이제 끝나야 한다. 그 결과 우리는 동맹은 약화되고, 북한은 고도화된 핵을 완성했으며, 중국은 우리의

영토적 정체성에까지 침투해 들어왔다. 외교는 감정이 아니라 국익의 기초 위에 세워져야 하며, 그 국익은 체제 생존이라는 철학적 기준 위에서 정의되어야 한다.

이승만 대통령은 6·25전쟁의 참화를 뚫고, 대한민국이 다시는 외세의 침략에 흔들리지 않도록 1953년 미국과의 '한미상호방위조약'을 체결함으로써 자유의 동맹을 제도화했고, 박정희 대통령은 자립적인 경제 기반과 자주국방을 통해 대한민국을 스스로 일어서는 국가로 만들었다. 이들은 단지 생존을 위한 외교가 아니라, 자유 체제를 지키기 위한 전략적 선택을 실천한 리더였다.

윤석열 대통령 역시 이 계보를 잇고자 했다. 그는 동아시아 재편의 소용돌이 속에서 대한민국의 좌표를 분명히 하려는 외교 전략을 실행에 옮겼고, 한미동맹을 전면 재정비했으며, 한일관계를 실용과 미래 협력의 방향으로 전환했다. 인도·태평양 전략, 나토와의 협력, 쿼드(QUAD) 대화 참여 등 다자안보 체계에 동참함으로써 한국 외교는 다시 자유진영의 중심으로 되돌아왔다. 이는 단지 외교의 확장이 아니라 체제의 복원이자 정신적 연대의 재구축이었다. 자유는 혼자 지킬 수 없다. 그것은 함께 싸워야 하고, 공동체를 형성해야 하며, 연대 안에서 살아남아야 하는 가치다.

보수는 이 사실을 국민에게 설명해야 한다. 동아시아 질서는 감정과 역사, 국경과 자존의 충돌이지만, 동시에 자유냐 전체주의냐를 가르는 문명적 경계이기도 하다는 점을 명확히 인식시켜야 한다.

중국은 지금도 경제적 유인과 외교적 협박, 문화적 침투와 군사적 위협을 통해 대한민국을 '회색지대'로 끌어내리려 하고 있다. 북한은 그런 중국의 변방을 자처하면서 핵 위협과 대남 선전전으로 우리의 체제를 흔들고 있다. 반면 일본은 안보와 기술 협력을 위한 전략적 동반자로의 전환을 모색하고 있고, 미국은 동아시아 전체를 하나의 자유 블록으로 재구성하려 하고 있다. 이런 상황에서 대한민국이 자유를 선택하지 않는다면, 우리는 중국과 북한이라는 전체주의의 그늘 속으로 다시 끌려가게 될 것이다. 그리고 그 대가는 경제적 고립, 외교적 무력화, 체제 내부의 혼란으로 이어질 것이다. 따라서 자유우파는 말해야 한다. 선택은 어렵지만 필연이다. 우리는 자유의 편에 서야 하고, 자유세계의 일원으로 동아시아의 새 질서를 함께 설계해야 한다.

보수는 이 전선에서 다시 서야 한다. 그것은 과거를 복원하는 싸움이 아니라, 미래를 설계하는 전쟁이다. 자유와 시장, 법치와 책임, 개방과 연대라는 원칙 위에 서야 동아시아에서 대한민국은 존립할 수 있다. 그리고 바로 그 원칙이야말로 우리가 지난 70년간 피로 지켜온 체제의 핵심이었다. 보수는 이제 그 체제를 말로만 지지하는 것이 아니라, 외교적 선택과 국제적 연대를 통해 실천하는 단계로 나아가야 한다. 대한민국은 작지 않다. 대한민국은 작지만 결코 작은 나라가 아니다. 우리는 선택받은 진영의 일원이 아니라, 선택하는 주체가 되어야 하며, 그 선택은 세계 앞에서 우리 체제의 정당성을 증명하는 선언이 되어야 한다. 동아시아의 신질서는 이제 시작되었고, 그 안에서 자유우파의 사명은 더욱 분명해졌다. 우리는 싸워야 한다. 진영을 분명히 하고, 체제를 지키며, 문명을 연결하는 나라로 거듭나야 한다.

그것이 바로 보수의 길이며, 대한민국이 살아남는 길이다.

5.6 대한민국 외교: 어떤 길을 가야 하는가

외교는 단지 국경을 넘는 교섭이 아니다. 그것은 국가의 정체성과 체제, 철학을 세계 앞에 드러내고 관철시키는 실천의 언어다. 그리고 지금, 대한민국은 이 실천의 언어가 가장 필요한 순간을 맞이하고 있다. 미국과 중국, 일본과 러시아, 북한과의 역동적인 관계 속에서 한국은 단순한 중간지대가 아니라, 체제의 경계선에 서 있다. 이 지점에서 우리가 어떤 외교를 펼치느냐에 따라 자유의 편에 설 것인가, 전체주의의 그늘 아래 놓일 것인가가 갈라질 것이다.

보수는 외교를 정권의 장식이 아니라, 국가의 운명을 지키는 전략으로 본다. 문재인 정부는 평화라는 이상을 앞세워 북한과의 무리한 협력을 시도했고, 결과적으로는 비핵화도, 안보도, 동맹도 모두 후퇴시켰다. 북한의 위협은 줄지 않았고, 오히려 9.19 남북군사합의는 우리 스스로의 감시 능력을 제한시키는 결과를 초래했다. 문재인 정부는 김정은과의 '평화 쇼'에 몰두하며 비핵화의 실질적 진전을 이루지 못했고, 핵무장은 고도화되었다. 그들의 외교는 감성에 기반한 것이었으며, 현실과 국익, 체제의 본질에 대한 고려는 뒷전이었다.

또한, 문재인 정권의 대미외교는 협력이 아닌 거리두기로 흐르며 동맹의 본질을 훼손했다. 2019년 이후 한미연합훈련이 잇따라 축소되거나 중단되었고, 트럼프 1기 행정부와의 방위비 분담금 협상에서는 반복적인 갈등만을 야기했다. 대일 외교에서는 과거사 문제를 전면에 내세우며 실익보다 감정을 앞세운 접근이 지배했고, 한일 군사정보보호협정(GSOMIA) 파기 선언은 국제 사회에 한국 외교의 신뢰성을 훼손시켰다. 그들의 외교는 감정을 정치화하고, 체제를 도외시한 결과였다.

보수가 말하는 외교는 이와는 전혀 다르다. 외교는 곧 체제를 지키는 전선이며, 국익은 체제의 지속 가능성과 자유의 생존을 기준으로 판단되어야 한다. 자유민주주의 국가인 대한민국이 취해야 할 외교는, 자유의 연대 위에서 명확한 진영을 선택하고, 실용적 이성과 확고한 원칙 위에 설 때에만 가능하다. 이승만 대통령은 6·25전쟁의 참화를 뚫고, 대한민국이 다시는 외세의 침략에 흔들리지 않도록 1953년 미국과의 '한미상호방위조약'을 체결함으로써 자유의 동맹을 제도화했고, 박정희 대통령은 자립적인 경제 기반과 자주국방(국방과학연구소에서 미사일 등 무기의 자체개발)을 통해 대한민국을 스스로 일어서는 국가로 만들었다. 이들은 단지 생존을 위한 외교가 아니라, 자유 체제를 지키기 위한 전략적 선택을 실천한 리더였다.

윤석열 대통령 역시 이 계보를 잇고자 했다. 그는 동아시아 재편의 소용돌이 속에서 대한민국의 좌표를 분명히 하려는 외교 전략을 실행에 옮겼고, 한미동맹을 전면 재정비했으며, 한일관계를 실용과 미래 협력의 방향으로 전환했다. 인도·태평양 전략, 나토와의 협력, 쿼드(QUAD) 대화 참여 등 다자안보 체계에 동참함으로써 한국 외교는 다시 자유진영의 중심으로 되돌아왔다. 이는 단지 외교의 확장이 아니라 체제의 복원이자 정신적 연대의 재구축이었다. 자유는 혼자 지킬 수 없다. 그것은 함께 싸워야 하고, 공동체를 형성해야 하며, 연대 안에서 살아남아야 하는 가치다. 보수는 이 사실을 국민에게 설명해야 한다. 동아시아 질서는 감정과 역사, 국경과 자존의 충돌이지만, 동시에 자유냐 전체주의냐를 가르는 문명적 경계이기도 하다는 점을 명확히 인식시켜야 한다.

그러나 지금 이 모든 노력은 다시 흔들릴 위험에 처해 있다. 윤석열 대통령의 탄핵 인용 이후, 대한민국은 외교적 연속성과 전략적 방향성을 위협받고 있다. 진보세력은 다시 과거로 회귀하려 한다. 미국과의 동맹보다 북한과의 관계 개선을, 일본과의 협력보다 과거사의 재해석을, 자유와 연대보다 중립과 자주를 외치며 체제를 모호하게 만들고 있다. 그러나 세계는 지금, 그런 모호함을 허용하지 않는다. 미국은 중국과의 전략 경쟁에서 확고한 편을 요구하고 있고, 일본은 한국의 외교 정체성을 신중히 지켜보고 있으며, 중국은 점점 더 노골적인 경제·외교적 압박을 강화하고 있다. 이 속에서 외교는 다시 체제를 선택하는 문제로 돌아왔다.

보수는 이 시점에서 명확히 해야 한다. 대한민국의 외교는 감정이 아니라 책임에 기반해야 하며, 선택의 미덕이 아니라 정체성의 선언이어야 한다. 자유를 지키겠다면, 우리는 자유를 위협하는 전체주의 국가와의 전략적 모호성을 버려야 한다. 국익을 추구하겠다면, 진영의 원칙 없이 이익만을 좇는 단기적 외교를 거부해야 한다. 세계는 지금 가치를 기준으로 연대하고 있다. 윤석열 정부의 외교가 그 연대의 초입을 열었다면, 다음 보수정권은 그 연대를 구조화하고 제도화해야 한다.

이를 위해 보수가 추구해야 할 외교는 세 가지 원칙 위에 서야 한다.

첫째, 한미동맹은 모든 외교의 기반이다. 이는 단순한 안보의 동맹이 아니라 자유세계의 가치 동맹이며, 경제·기술·정보·군사 전반에 걸친 공동체 형성의 핵심축이다.

둘째, 한일관계는 감정이 아니라 전략이다. 중국과 북한의 전체주의 압박 속에서 일본은 동아시아 자유 진영의 가장 인접한 파트너이며, 우리는 실용과 협력의 기조 아래 미래를 함께 설계해야 한다.

셋째, 중국과 러시아, 북한을 중심으로 하는 전체주의 블록에 대해선 강경한 원칙과 억제력이 필요하다. 중국은 지금도 경제적 유인과 외교적 협박, 문화적 침투와 군사적 위협을 통해 대한민국을 '회색지대'로 끌어내리려 하고 있다. 외교는 타협의 예술이지만, 체제를 위협하는 상대에게 타협은 항복에 불과하다.

세계는 지금, 외교를 통해 체제를 말하고 있다. 미국과 유럽은 다시 자유와 민주주의의 가치를 중심으로 세계 질서를 재편하고 있으며, 인도와 대만, 호주, 폴란드 등은 이 흐름에 능동적으로 참여하고 있다. 자유의 진영은 다시 확대되고 있고, 전체주의는 경제적·군사적 압박을 통해 외교를 무기로 삼고 있다. 이 구도에서 대한민국이 진정 자유의 편에 서고자 한다면, 외교는 국익 이상의 철학으로 다뤄져야 한다.

중국은 지금도 경제적 유인과 외교적 협박, 문화적 침투와 군사적 위협을 통해 대한민국을 '회색지대'로 끌어내리려 하고 있다. 북한은 그런 중국의 변방을 자처하면서 핵 위협과 대남선전전으로 우리의 체제를 흔들고 있다. 반면 일본은 안보와 기술 협력을 위한 전략적 동반자로의 전환을 모색하고 있고, 미국은 동아시아 전체를 하나의 자유 블록으로 재구성하려 하고 있다. 이런 상황에서 대한민국이 자유를 선택하지 않는다면, 우리는 중국과 북한이라는 전체주의의 그늘 속으로 다시 끌려가게 될 것이다. 그리고 그 대가는 경제적 고립, 외교적 무력화, 체제 내부의 혼란으로 이어질 것이다. 따라서 자유우파는 말해야 한다. 선택은 어렵지만 필연이다. 우리는 자유의 편에 서야 하고, 자유세계의 일원으로 동아시아의 새 질서를 함께 설계해야 한다.

『Why Nations Fail』의 저자 대런 애쓰모글루(Daron Acemoglu)와 제임스 A. 로빈슨(James A. Robinson)은 국가의 번영 여부는 제도의 포용성과 선택에 달려 있다고 말했다. 그 선택의 대표적인 사례가 바로 남한과 북한의 외교적 선택이었다. 남한은 자유 진영과의 연대 속에서 국제 무대의 일원으로 자리매김했지만, 북한은 고립과 우상화, 전체주의 체제 유지에 몰두하며 외교를 폐쇄와 선전의 수단으로 삼았다. 그 결과는 극명한 빈부 격차, 삶의 질, 국민의 자유에서 확인된다. 외교는 단지 외부와의 관계가 아니라, 내부를 드러내는 거울이다. 대한민국이 어떤 외교를 하느냐는 곧 우리가 어떤 나라가 되기를 원하는가에 대한 대답이다.

이런 상황에서 대한민국이 '자유'를 선택하지 않는다면, 우리는 중국과 북한이라는 전체주의의 그늘 속으로 다시 끌려가게 될 것이다. 그리고 그 대가는 경제적 고립, 외교적 무력화, 체제 내부의 혼란으로 이어질 것이다. 우리는 자유의 편에 서야 하고, 자유세계의 일원으로 동아시아의 새 질서를 함께 설계해야 한다.

대한민국의 외교는 이제 다시 설계되어야 한다. 그것은 단순히 윤석열 정부의 정책을 계승하는 문제가 아니라, 대한민국이라는 국가가 자유와 질서, 책임과 연대 위에 선 나라임을 세계 앞에 증명하는 일이다. 보수는 이 과제를 결코 피해서는 안 된다. 외교는 보수의 철학을 세계에 말하는 무대이며, 대한민국의 정체성을 세계사 속에 실천으로 증명하는 일이다. 감정이 아니라 국가의 진로로, 선동이 아니라 질서의 언어로, 우리는 외교를 다시 세워야 한다. 그것이 바로 보수가 말하는 외교이며, 대한민국이 나아가야 할 길이다.

보수는 이 전선에서 다시 서야 한다. 그것은 과거를 복원하려는 싸움이 아니라, 미래를 설계하는 전쟁이다. 자유와 시장,

법치와 책임, 개방과 연대라는 원칙 위에 서야만 동아시아 속에서 대한민국은 존립할 수 있다. 그리고 바로 그 원칙들이야말로 우리가 지난 70년 동안 피로 지켜온 체제의 핵심이었다. 보수는 이제 그 체제를 말로만 지지할 것이 아니라, 외교적 선택과 국제적 연대를 통해 실천하는 단계로 나아가야 한다.

대한민국은 결코 작은 나라가 아니다. 우리는 선택받는 진영의 일원이 아니라, 선택하는 주체가 되어야 하며, 그 선택은 세계 앞에서 우리 체제의 정당성을 증명하는 선언이 되어야 한다. 동아시아의 신질서는 이제 막 시작되었고, 그 안에서 자유우파의 사명은 더욱 선명해졌다. 우리는 싸워야 한다. 진영을 분명히 하고, 체제를 지키며, 문명을 연결하는 나라로 거듭나야 한다. 그것이 바로 보수의 길이며, 대한민국이 살아남는 길이다.

제6장

왜 다시 보수인가

위기의 시대, 책임의 리더십

보수가 다시
일어나야 할 이유

대한민국은 위기 속에서 강해졌고, 그 중심에는 언제나 보수정권이 있었다. 자유민주주의와 시장경제, 한미동맹의 뿌리를 세운 이승만, 산업화를 이끈 박정희, 경제위기를 돌파한 전두환, 그리고 국민 모두에게 체제위기의 실체를 일깨운 윤석열 정부까지 ─ 보수는 혼란의 시대마다 체제를 지키고 국가를 재건해 왔다.

그러나 지금, 그 모든 토대를 뒤흔드는 거대한 우상이 대한민국을 삼키려 한다. 윤 대통령의 개혁은 그 파도에 맞선 투쟁이었고, 다음 보수정권은 그 위에 더 큰 질서를 세워야 한다.

보수가 멈추는 순간, 대한민국은 방향을 잃는다. 이 장은 바로 그 절박한 이유를 역사와 현실로 증명한다.

제6장

6.1 위기마다 나라를 지킨 건 보수

대한민국 보수정권은 언제나 위기 속에서 등장했고, 그 위기를 돌파하며 성장해왔다. 보수는 절대 안정된 시기에 등장하지 않았다. 혼란과 파탄, 외교 고립과 경제 붕괴, 체제의 근본이 흔들릴 때마다, 보수는 그 중심을 붙들고 나라를 다시 세워야 했다. 그것이야말로 대한민국 보수정권의 정통성이며, 존재 이유였다. 체제를 지키고, 국정을 복원하며, 미래로 가는 길을 만들어온 것이 보수정권이었다.

이승만 대통령은 대한민국을 세운 건국 대통령이다. 그는 단지 국가를 세운 것이 아니라, 자유민주주의와 시장경제라는 대한민국의 헌법적 체제를 선택한 지도자였다. 해방 직후 좌우의 극심한 이념 갈등 속에서, 소련군이 주둔하고 있던 북위 38도 이북과는 달리, 남한에는 자유주의 체제를 정착시키기 위한 치열한 정치적 결단과 투쟁을 이어갔다. 6.25 전쟁이라는

전면적 침략 전쟁 속에서도 그는 공산주의와 결코 타협하지 않았으며, 무엇보다 미국과의 동맹을 끝까지 요청하고 이끌어 냄으로써 대한민국이 자유세계의 일원으로서 살아남을 수 있는 발판을 마련했다. 특히 1953년 정전협정 직후, 미국과의 협상을 통해 체결된 '한미상호방위조약'은 단순한 외교 문서

가 아니라, 이후 대한민국이 전쟁 없이 안보를 유지할 수 있는 구조를 만든 결정적 계기가 되었다. 이 동맹은 곧 전후 경제복구를 가능케 한 국제적 신뢰의 기반이 되었고, 외환과 투자, 원조와 무역의 흐름을 통해 대한민국이 경제발전을 시작할 수 있는 모태가 되었다. 이승만 정부는 절체절명의 위기 속에서 자유 체제를 지켜낸 최초의 보수정권이었고, 그 체제 위에 오늘의 대한민국이 놓여 있다.

박정희 정부는 국가 존립의 위기를 '산업화'라는 이름의 전략으로 돌파한 정부였다. 한국전쟁 이후 모든 것이 무너진 폐허 위에서 박정희 대통령은 산업입국을 국가 목표로 제시했고, 중화학공업 육성, 수출 주도형 경제, 경부고속도로와 포항제철 같은 상징적 국가 프로젝트를 통해 한강의 기적을 실현했다. 이 시기 보수정권은 단지 성장만 추구한 것이 아니라, 대한민국이 스스로 자립할 수 있는 시스템을 구축한 정부였다. 공산주의의 위협에 대응하기 위한 안보 체계 정비, 국토 종합 개발 계획, 식량 자급과 인프라 확충까지 모두 이 시기의 성과였다. 이는 전쟁과 빈곤이라는 위기를 눈앞에 두고, 좌우가 아닌 현실을 중심에 둔 결과였다.

1980년, 12.12 군사쿠데타를 통해 출범한 전두환 정부는 출발부터 민주주의의 원칙에서 벗어난 태생적 한계를 갖고 있었다. 그러나 동시에 그는 당시 대한민국이 직면하고 있던 또 다른 위기, 즉 급격한 인플레이션과 외환 부족, 산업정책의 전환기라는 경제적 혼란을 마주해야 했다. 전두환 정부는 통화

관리와 금리정책을 조정하여 물가를 안정시키고, 대규모 SOC (Social Overhead Capital, 사회간접자본) 투자와 외자 유치를 통해 산업기반을 확충하며, 장기적으로는 안정적인 경제성장 기반을 다지는 정책을 추진했다. 특히 국가재정 건전성과 수출 기반 확대, 기술고도화를 위한 초기 기반을 닦은 점은 이후 한국 경제가 지속적인 성장을 이루는 데 기여한 긍정적인 성과였다. 정치적 권위주의라는 비판과는 별개로, 경제운용 면에서 그는 보수정부가 위기 속에서 어떻게 실용적 리더십을 발휘할 수 있는지를 보여준 사례였다.

1980년대 중반 이후 노태우 정부는 정치적 전환기 속에서 체제 안정과 평화적 정권 이양, 북방 외교 개척이라는 의미 있는 진전을 이끌었다. 특히 노태우 정부는 냉전체제 속에서 남북 기본합의서를 체결하고, 대한민국을 유엔 동시 가입국으로

만든 외교적 성과를 남겼다. 권위주의적 통치에서 벗어나 민주화된 선거를 치르며 권력을 넘겨준 최초의 대통령이라는 점에서도 보수는 역사적 변곡점에서 체제의 연속성을 지켜낸 역할을 했다.

1997년 외환위기 직후 등장한 김대중 정권 그리고 뒤 이은 노무현 정권은 진보 진영의 정권이었지만, 그 이후 2008년 글로벌 금융위기 속에서 다시 정권을 잡은 이명박 정부는 보수정권의 경제적 능력을 다시 입증한 사례다. MB 정부는 747공약과 4대강 사업 등에서 여러 비판도 있었지만, 결과적으로 글로벌 금융위기의 여파를 효과적으로 통제하며 세계적 위기 속에서 선방했다. 특히 외환보유고 확대, 재정건전성 유지, 해외 자원개발과 SOC 투자 확대 등은 대한민국 경제 기반을 강화하는 성과로 이어졌다.

박근혜 정부는 정치적으로 불운한 정권이었지만, 제도적 보수정책의 기조는 분명히 유지됐다. 기초노령연금, 공무원 연금개혁, 누리과정 예산 책임 등 사회복지와 책임재정의 균형을 맞추려 했으며, 북핵 위기 대응을 위한 사드 배치 결단은 국가 안보를 위한 보수의 용기였다. 그러나 정치적으로는 좌파 진영의 탄핵 공세에 밀려 임기를 마무리하지 못했고, 이는 이후 대한민국 정치의 양극화와 이념 전쟁을 심화시키는 계기가 되었다.

그리고 2022년, 진보정권의 실정과 국가 기반의 붕괴, 좌파

의회독재 속에서 윤석열 대통령이 등장했다. 그는 검사 출신이었지만, 이념적 분별과 국가관은 분명했다. 그는 문재인 정부의 탈원전, 탈동맹, 탈자유 기조를 전면 수정했고, 다시 자유와 법치, 시장과 동맹이라는 보수의 핵심 원칙을 복원하는 데 집중했다. 대통령 자신이 직접 헌법의 본질을 말하고, 반국가세력을 경고하며, 자유민주주의의 근간을 지키겠다고 선언한 것 자체가 보수정권의 사명을 선포한 사건이었다. 2024년 12월 3일, 윤석열 대통령이 헌정질서 파괴를 막기 위해 비상계엄을 선포한 것은 단지 정치적 행위가 아니라, 헌법 수호를 위한 통치행위였고, 이 결단은 많은 국민, 특히 2030 세대의 각성을 불러일으켰다.

그는 대한민국이 자유의 길에서 이탈하지 않도록 끝까지 최선을 다한 지도자였지만, 거대한 정치적 저항과 야당의 탄핵 공세 속에서 그 임무를 끝까지 완수하지는 못했다. 그러나 그의 헌신은 자유우파의 정신 속에 깊이 남아 있으며, 보수가 반드시 다시 이어가야 할 철학과 사명의 원천이 되었다. 윤석열 정부는, 위기 속에서 체제를 지켜낸 보수정권의 계보 위에 놓인 또 하나의 증명이며, 동시에 정치적 불운 속에서도 자유의 원칙을 지키려 했던 보수의 자랑스러운 자화상이었다.

결국 보수정권은 언제나 위기 속에서 성장했다. 좌파정권이 만든 사회적 혼란, 이념적 편향, 경제 파탄, 외교 고립은 보수가 다시 나라를 일으키는 배경이 되었고, 보수는 그 위기마다 공동체의 중심을 잡으며 다시 체제를 복원해냈다. 이승만은 건국과 한미상호방위조약을 통해 체제의 기반을 세웠고, 박정희는 산업화를 통해 자립의 기초를 마련했으며, 전두환 정부 또한 정치적 한계를 가졌지만, 당시의 경제위기를 극복하고 산업기반을 구축하는 데 기여했다. 보수정권은 정체되어 있는 것이 아니라, 늘 극한의 현실 앞에서 실용과 결단, 책임과 철학으로 대한민국을 다시 일으켜 세운 정부들이었다. 그것이 바로 보수의 본질이며, 우리가 다시 보수를 말해야 하는 이유다.

6.2 말이 아닌 정책으로 증명하다: 경제·안보·교육의 성과

정치는 말이 아니라 결과로 평가되어야 한다. 국민에게 필요한 것은 감성적 구호가 아니라, 실제 삶을 바꿔주는 정책의 힘이다. 대한민국 현대정치사에서 보수정권은 종종 구태정치, 이념편향, 기득권 정권으로 몰렸지만, 정작 '정책'이라는 렌즈로 들여다보면 이야기의 결은 전혀 다르다. 보수정권은 언제나 실용과 안정, 미래 지향을 중심으로 한 정책을 통해 경제를 성장시키고 안보를 강화하며 교육의 질서를 바로잡으려 해 왔다. 그리고 그 성과는 정치적 수사나 이념적 대결이 아닌, 실제 지표와 결과로 입증되어 왔다.

경제정책에 있어 가장 대표적인 보수정권의 사례는 이명박 정부다. 2008년 세계를 강타한 글로벌 금융위기 당시, 미국발 금융 불안이 한국 시장으로 파급되는 것을 최소화하고, G20 국가 중에서도 회복 속도가 가장 빠른 나라로 평가받은 정부였다. 이명박 정부는 강력한 통화정책, 외환보유고 확대, 기업 투자 활성화를 위한 감세 정책 등을 통해 경제를 방어했고, 4대강 정비 사업과 대규모 인프라 투자를 통해 지역 균형 발전과 경기 부양을 동시에 추진했다. 2008년부터 2012년까지 대한민국의 평균 경제성장률은 3.2%를 유지했으며, 글로벌 경제의 불확실성 속에서도 실업률을 안정적으로 관리해냈다. 외신은 당시 대한민국을 '가장 빠르게 회복한 국가 중 하나'로 평가했다. 이명박 정부는 국가가 위기 상황에서 무엇을 해야 하는지 보여준 보수 실용주의의 전형이었다.

박근혜 정부 역시 복지와 재정을 동시에 다루며 균형 있는 정책을 추구했다. 대표적인 정책은 기초연금 도입과 공무원연금 개혁이었다. 특히 공무원연금 개혁은 수년간 누구도 손대지 못했던 민감한 영역이었지만, 박근혜 대통령은 정치적 부담을 감수하고 연금재정의 지속가능성을 확보하기 위해 추진했다. 결과적으로 매년 수조 원에 달하는 연금 재정 지출을 줄이며 장기적으로 국가 재정에 긍정적 기여를 하게 되었고, 이는 책임 있는 보수정권이 보여준 전형적 사례였다. 또 하나의 중요한 성과는 창조경제를 통한 벤처 활성화였다. 비판도 많았지만, 그 기반 위에서 2010년대 중반 대한민국 스타트업 생태계는 본격적으로 성장했고, 지금의 K-콘텐츠와 유니콘 기업들은 그 시대의 정책 인프라 위에서 자라났다.

윤석열 정부는 문재인 정권 이후 무너진 시장 질서와 외교노선을 복원하는 데 주력했다. 가장 주목할 점은 탈원전 폐기와 에너지 정책 정상화였다. 윤석열 대통령은 취임 직후 월성, 신한울 원전의 정상 가동을 추진하며, 무너졌던 원전 생태계를 회복시키고, 다시 세계 원전 수주 시장에 한국을 세우겠다는 전략을 천명했다. 실제로 2024년 아랍에미리트와 체코 등에서 신규 원전 수주가 이어졌고, 원전 산업 종사자들의 이탈을 막으며 산업 생태계 복원이 가속화되었다. 또 하나의 성과는 부동산 시장의 정상화다. 문재인 정부의 27번에 이르는 부동산 규제 실패 이후, 윤석열 정부는 시장원리에 입각한 공급 확대와 거래 정상화를 추구하며, 급등했던 아파트 가격의 안정과 지방의 미분양 해소에 실질적 기여를 했다.

안보정책은 보수정권의 핵심 영역이었다. 이명박 정부는 천안함 폭침 사건 이후 '5.24 조치'를 단행했고, 국제사회와 공조하며 북한 도발에 단호한 태도를 견지했다. 박근혜 정부는 2016년 북핵 실험과 미사일 발사에 대응해 사드(THAAD) 배치를 결단했고, 이는 한미동맹에 근거한 집단안보의 상징적 조치였다. 문재인 정부는 이 사드(THAAD)에 대해 중국의 눈치를 보며 3불 정책(사드 추가 배치 불가, 미국 미사일방어체계(MD) 불참, 한미일 군사동맹 불참)을 선언했지만, 보수정권은 한미동맹 중심의 안보전략에서 한 치도 물러서지 않았다. 윤석열 정부 역시 마찬가지다. 그는 취임 직후 한미연합훈련을 전면 재개하고, 북한의 핵 위협에 대응하기 위한 확장억제 실행력 강화, 한일·한미일 안보 협력을 실질화했다. 특히 2024년부터 한미핵협의그룹(NCG)을 통한 억지력 확장은 북한의 도발을 억제하고 국민의 안보 불안을 실질적으로 완화하는 결과를 낳았다.

교육정책에 있어서도 보수정권은 원칙과 질서를 중시해왔다. 좌파 교육감과 진보정권은 평등이라는 이름으로 성취를 무력화했고, 자사고·외고 폐지와 같은 포퓰리즘적 조치를 반복했다. 이에 비해 보수정권은 교육의 다양성과 경쟁, 실력 중심 교육체계를 복원하고자 했다. 박근혜 정부는 자유학기제를 통해 진로탐색 교육의 기틀을 마련했고, 이명박 정부는 영어공교육 강화, 이공계 중심 R&D 인력 양성을 국가 전략으로 추진했다. 윤석열 정부 역시 공정과 실력을 중시하는 입시 체계를 복원 중이며, 교권 강화, 교육청 감시체계 개편, 교육부 기

능의 정상화를 통해 교육을 더 이상 정치 이념의 장이 아닌, 미래 세대를 준비하는 국가전략의 핵심으로 회복하고 있다.

보수정권은 말이 아닌 정책으로 말해왔다. 이념보다 실용을 우선했고, 단기 성과보다 장기적 시스템 구축에 집중했으며, 인기보다 책임을 택했다. 그 결과 대한민국은 위기마다 보수정권 아래에서 체계를 복원했고, 안정 속에 도약을 준비해왔다.

자유우파가 추구하는 국정은 정치적 감정의 반복이 아니라, 국민의 삶을 바꾸는 실행 가능한 해법의 축적이다. 바로 이것이 보수의 진짜 힘이고, 정책이 말해주는 보수의 실체다.

6.3 책임의 리더십: 보수는 어떻게 위기를 돌파하는가

정치는 궁극적으로 '리더십'의 문제다. 정책은 이념을 반영하고, 제도는 철학을 드러내지만, 국가의 운명을 결정짓는 것은 지도자의 결단과 통치의 방식이다. 한국 정치사에서 보수와 진보는 단지 방향의 차이만 있었던 것이 아니다. 위기를 대하는 태도, 국가의 우선순위, 권력의 사용방식에서 보수는 확연히 다른 철학을 보여줬다. 보수의 리더십은 감정이 아니라 책임, 대중의 인기에 휘둘리는 것이 아니라 헌법과 국가의 안정을 중심에 둔 실용적 리더십이었다. 그리고 이 차이는 평시에는 가려지지만, 위기 때마다 분명하게 드러났다.

이명박 대통령은 기업인 출신으로서 보수적 실용주의를 대표하는 지도자였다. 그는 집권 초기부터 "국가는 CEO처럼 경영되어야 한다"고 선언했고, 실제로 대통령의 업무 일정을 실시간으로 체크하고 주요 경제지표를 매일 보고받았다. 2008년 금융위기 당시, 그는 단호하게 환율 방어에 나섰고, 한국은행, 기획재정부, 금융감독원을 하나의 통합체계로 운영하면서 시장의 불안을 진화했다. 그는 결단이 빠른 지도자였고, 비판을 받더라도 정책 효과를 우선하는 실용적 행정을 추구했다. 4대강 사업은 대표적인 예다. 환경파괴 논란에도 불구하고 그는 홍수 예방, 지역경제 활성화, 수자원 확보를 이유로 강력히 추진했고, 결과적으로 가뭄과 홍수 방지, 지역 관광산업 창출 등 일정한 성과를 남겼다. 이명박 리더십은 '불편하더라도 실용적인 결정'을 택하는 방식이었다.

박근혜 대통령은 국민과의 약속을 중시한 원칙형 리더십의 표본이었다. 그는 선거공약을 헌법적 계약처럼 인식했고, 공무원 연금 개혁, 기초연금 도입, 복지 예산 확대 등 정치적 부담이 큰 이슈들에 있어서도 원칙을 고수했다. 특히 "지키지 못할 약속은 하지 않겠다"는 태도는 포퓰리즘 정치와 확연히 대비되는 보수 리더십의 진정성을 보여주는 대목이었다. 박근혜 정부는 야당의 격렬한 반대 속에서도 연금 개혁을 완수했고, 국정 운영의 안정성을 유지했다. 물론 최순실 사태로 인해 그 리더십은 치명적 타격을 입었지만, 시스템 운영의 면에서는 청와대 중심의 효율적 의사결정 구조와 정책 추진력을 확보한 정권이었다. 박근혜 리더십은 '국정의 틀과 약속을 지키는 리더십'이었다.

윤석열 대통령은 검사 출신으로서 법치주의와 헌법정신을 중심에 둔 '국가 수호형 리더십'을 보여줬던 인물이었다. 그는 정치 경험이 없는 상태에서 집권했지만, 오히려 그 점이 기득권에 물들지 않은 단호함으로 작용했다. 그는 집권 초부터 "나는 반국가세력과 협치하지 않는다"고 선언하며, 체제 수호를 통치의 최우선 가치로 두었다. 북한과 중국에 대해 한 치의 애매함도 없는 안보외교를 펼쳤고, 국내적으로는 문재인 정부가 무너뜨린 헌법 질서, 법치 시스템, 시장경제 원칙을 되살리는 데 주력했다. 그의 리더십은 '국가의 본질은 체제를 지키는 것'이라는 헌법적 원칙 위에 서 있었고, 대통령직을 권력이 아닌 책무로 인식하는 자세를 일관되게 유지했다.

윤석열 대통령의 비상계엄 선포는 그가 단순한 행정 수반이 아닌, 자유민주주의 체제를 지키는 헌법의 수호자임을 천명한 역사적 장면이었다. 좌파 다수 의석의 국회는 입법 독주와 연이은 탄핵 시도를 통해 행정부의 기본 기능을 마비시키고, 감사원장과 방통위원장, 심지어 야당 대표를 수사하던 검사들까지 무차별적으로 탄핵하며 헌정 질서의 근간을 흔들었다. 예산은 안보·과학·치안 관련 항목이 대거 삭감되어 국정을 사실상 멈춰 세우는 수준에 이르렀고, 선거관리 시스템의 보안 취약성과 외부 개입 가능성에 대한 문제 제기조차 무시되던 상황이었다. 바로 이 결정적 위기 앞에서, 윤 대통령은 비상계엄을 선포했다. 이는 권위의 발동이 아니라, 헌정의 붕괴를 막기 위한 최후의 결단이었다.

정치적으로 엄청난 부담을 감수해야 했고, 좌파 언론과 야당은 즉각 '내란수괴', '헌정 파괴'라는 프레임을 씌우며 대통령을 몰아세웠다. 그러나 그는 국민 앞에 당당히 나서 대국민 담화문을 통해 다음과 같이 선언했다. "자유는 저절로 주어지지 않습니다. 그것은 지켜내는 자들의 결단과 헌신이 있을 때에만 유지되는 것입니다. 저는 대통령으로서 자유민주주의를 지켜야 할 헌법적 책무를 저버릴 수 없었습니다." 이 말은 단순한 설명이 아니었다. 그것은 한 국가의 최고 통치자가 스스로 감당해야 할 고독한 책임을 받아들이고, 자유를 위해 모든 정치적 대가를 감수하겠다는 선언이었다. 그는 이어 "국가가 무너지면 자유도, 민생도, 미래도 존재할 수 없습니다. 저는 이 나라를 지키기 위해, 무엇보다 국민의 자유와 권리를 위해,

비상계엄을 선택할 수밖에 없었습니다"고 덧붙이며, 국민에게 두려워하지 말고 진실을 직시해줄 것을 호소했다.

그 순간, 그는 권력을 휘두른 것이 아니라, 권력의 정당성을 증명했다. 비상계엄은 공포가 아닌 헌신의 언어로 국민 앞에 선포되었고, 그것은 침묵하던 다수의 마음에 불을 지폈다. 2030 세대는 이 사건을 계기로 좌파의 위선과 거짓을 직시하게 되었고, 정치에 무관심했던 청년들조차 자유의 의미를 다시 생각하기 시작했다. 윤석열 대통령의 결단은 한국 정치사에서 보기 드문 '책임의 리더십'이었다. 이는 위기 앞에서 도망가지 않고, 체제가 무너지는 그 벼랑 끝에서 헌법을 품고 서 있었던, 한 국가 지도자의 장엄한 순간이었다. 그리고 바로 그 결단이, 흔들리던 나라의 중심을 다시 세웠다.

그는 이후 탄핵인용으로 대통령직에서 물러나야 했지만, 그가 보여준 리더십은 단지 하나의 사건이 아니라, 대한민국이 되찾아야 할 통치의 기준이 되었다. 그것은 카메라 앞의 연출이 아니라, 헌법 앞의 고독한 고민이었고, 지지율이 아닌 정의를 기준 삼은 통치의 태도였다. 진보정권이 감정의 언어로 통치의 실책을 덮으려 했던 시간 동안, 보수는 묵묵히 무너진 국정을 복원하고, 흐려진 공동체의 기준을 다시 세우려 애써왔다. 문재인 정부가 '평화'라는 이름으로 국가의 무장을 해제하고, '공정'이라는 명분으로 위선을 감췄다면, 윤석열 정부는 그 왜곡을 바로잡기 위해 기꺼이 비난을 감수하고 싸움의 전면에 섰다.

보수의 리더십은 따뜻하지 않을 수 있다. 그러나 그것은 한 국가를 감정으로 운영할 수 없다는 현실 인식에서 비롯된다. 보수는 위기 앞에서 진실을 말하고, 무거운 결정을 외면하지 않는다. 국민이 듣고 싶어 하는 말 대신, 반드시 들어야 할 말을 한다. 그 말의 무게는 때로 차갑지만, 그 안에는 '국가를 지킨다'는 단단한 책임이 서려 있다. 인기보다 원칙을, 구호보다 질서를, 당장의 박수보다 역사의 평가를 더 중요하게 여기는 통치 철학—그것이야말로 대한민국을 지켜온 보수의 진짜 얼굴이며, 우리가 이 리더십을 다시 복원해야 하는 이유다.

국가의 운명은 감성의 손끝이 아닌, 책임의 어깨 위에서 지탱된다. 그리고 바로 그런 리더십이 이 땅에 존재했었다는 사실은, 오늘의 자유우파가 다시 일어설 수 있는 희망의 증거다.

6.4 좌파 포퓰리즘의 파국에서 길을 찾다

포퓰리즘은 처음엔 달콤하게 다가온다. 누구도 반대할 수 없는 이름들 — '서민', '정의', '국민'이라는 말을 앞세우고, 복지와 평등을 구호처럼 외친다. 그러나 그것이 제도와 규율, 재정과 책임 위에 세워지지 않는다면, 그 정치는 곧 약속을 가장한 속임수로 전락하고 만다. 대한민국의 진보정권은 그 포퓰리즘의 전형을 반복해왔다. 특히 문재인 정권은 그 정점이었다. 한없이 나누겠다고 했고, 누구나 다 가질 수 있다고 했고, 불평등을 없애겠다고 외쳤지만, 결과는 국가 재정의 파탄, 시장의 붕괴, 계층 간 갈등의 증폭이었다. 이 모든 결과가 '좋은 말'에서 시작되었다는 점은 역설적이지만 진실이다.

문재인 정권은 집권 초기부터 최저임금의 급격한 인상과 공공부문 일자리 확대를 선언하며 포퓰리즘의 본색을 드러냈다. 2년 사이 최저임금은 29%가 올라 급격한 인건비 상승을 가져왔고, 이는 자영업자와 중소기업에 직격탄을 날렸다. 특히 청년 고용시장은 붕괴했고, 정부는 세금을 들여 '세금 알바' 일자리를 만들어 실업률을 감췄다. 그 와중에 공공기관 부채는 눈덩이처럼 불어났고, 국민건강보험과 고용보험의 재정적자는 사상 최고치를 기록했다. 2022년 말 기준, 건강보험 적자는 연간 4조 원을 초과했고, 그 이후에도 누적적자는 계속 악화되고 있다. 무분별한 확장복지는 결국 미래세대가 감당해야 할 재정폭탄으로 돌아온다.

부동산 정책은 좌파 포퓰리즘의 민낯을 가장 극명하게 보여준 사례였다. '집값은 잡겠다'며 27번의 부동산 대책을 쏟아냈지만, 그 실체는 시장에 대한 불신과 투기 세력에 대한 적개심으로 뒤덮인 정치선전이었다. 다주택자를 '적폐'로 규정하며 세금 폭탄을 부과했고, 임대차 3법을 강행해 임대시장을 무너뜨렸다. 그 결과는 '서울 집값 10억 돌파'라는 전무후무한 부작용이었다. 문재인 정부 출범 초기 6억 원대였던 서울 평균 아파트 가격은 2021년 말 3.3㎡당 평균 3,885만5천 원에 도달했다. 이를 84㎡(약 25평)로 환산하면 약 9억8천만 원에 해당하며, 이는 2017년 대비 약 60% 상승한 수치다. 2030 세대는 평생 내 집 마련을 포기해야 한다고 절망했다. 국민에게는 부의 불평등을 줄이겠다고 약속하고 실제로는 자산 양극화를 악화시킨 포퓰리즘 통치의 전형이었다.

좌파의 포퓰리즘은 경제를 왜곡했을 뿐 아니라, 법치와 절차를 무시하는 통치 방식으로도 이어졌다. 조국 사태는 단지 한 사람의 위선이 아니라, '내 편이면 봐주고, 상대는 탄압하는' 정치적 공정의 파괴였다. 검찰을 권력의 방패로 삼아 야당 탄압을 시도했고, 청와대와 여당은 '검찰 개혁'이라는 명분 아래 입법독주를 밀어붙였다. 선거법 개정, 공수처 설치, 검수완박에 이르기까지 그들의 통치는 국민의 합의가 아닌 숫자의 힘으로 밀어붙인 정치공작이었다. 진보정권은 민주주의를 외쳤지만, 실제로는 의회 독재와 법치 파괴를 일삼았다. 좌파 포퓰리즘의 종착지는 결국 헌법적 질서마저 무너뜨리는 '권력 독점'이었다.

이념을 내세운 복지정책도 마찬가지다. '무상'이라는 말로 포장된 정책 뒤에는 언제나 세금 부담이 숨어 있었고, 그 부담은 결국 중산층과 미래세대에게 전가되었다. 교육에서는 공정한 경쟁을 해체하고, 지역균형이라는 명분 아래 실력을 폄훼했으며, 자사고·외고 폐지를 통해 다양성과 선택권을 억압했다. 좌파는 '포용'을 말하면서 실상은 국가의 보편적 개입을 확대해 자유를 제한했고, '공정'을 말하면서 결과 평등의 이름으로 자유시장과 개인의 노력을 부정했다. 그들이 쏟아낸 말은 아름다웠지만, 그 말 위에 놓인 정책은 현실을 파괴했고, 체제를 갉아먹었으며, 미래를 담보로 현재를 소모하는 방식이었다.

이제 우리는 물어야 한다. '말을 잘하는 정치'가 아니라, '나라를 잘 이끄는 정치'가 무엇인가. 포퓰리즘은 짧고 달콤하지만, 국가 운영은 단기 선심으로 유지되지 않는다. 지속가능한 시스템, 견고한 재정, 예측 가능한 정책, 자유를 전제로 한 질서 ─ 이 모든 것은 보수정권이 지켜온 가치였고, 좌파 포퓰리즘은 그 가치를 체계적으로 파괴해왔다. 윤석열 정부는 바로 그 폐허 위에서 다시 질서를 복원하고자 했다. 자유시장경제, 재정 건전화, 안보동맹의 재건, 교육의 정상화 ─ 이 모두는 포퓰리즘의 파탄을 복구하는 과정이며, 동시에 보수가 다시 말해야 할 국가 운영의 원칙이다.

좌파 포퓰리즘의 시대는 끝났다. 국민은 이제 분노가 아닌 실력, 구호가 아닌 책임, 선동이 아닌 질서를 원한다. 보수는 그것에 응답할 수 있는 유일한 정치철학이다.

우리는 다시 보수를 말해야 한다. 체제를 지키는 정치, 다음 세대를 위하는 정치, 자유와 책임을 함께 말할 수 있는 정치. 그 이름이 바로 '보수'이며, 좌파 포퓰리즘의 끝에서 반드시 시작되어야 할 새로운 국정의 언어다.

6.5 다음 보수정부가 해야 할 국가개조 프로젝트

윤석열 정부는 혼란의 시대에 등장한 정권이었다. 헌정질서는 흔들리고, 법치주의는 무너졌으며, 시장경제의 원칙은 무시당하고 있었다. 문재인 정권 5년간 누적된 포퓰리즘의 무책임, 이념 편향의 폭주, 그리고 사법과 언론, 교육까지 좌파 권력이 장악한 구조 속에서, 윤 대통령은 검사 출신이라는 편견을 넘어 헌법과 자유를 말했고, 반국가세력과의 타협 없는 결연한 싸움을 선포했다. 그는 '무너진 체제를 복원하는 보수정권의 회복기'를 실천하며, 자유대한민국의 뿌리를 다시 세우는 일에 국정의 초점을 맞추어왔다.

윤석열 정부는 출범 이후 자유민주주의, 시장경제, 한미동맹이라는 대한민국의 기둥을 다시 일으켜 세웠고, 탈원전 폐기와 한일관계 정상화, 강력한 안보 태세 확립 등 굵직한 개혁의 물꼬를 틔워왔다. 특히 사법부 내부의 좌편향 문제는 더 이상 외면할 수 없는 시대적 과제로 드러났으며, 2024년 12월 3일 비상계엄 선포는 그간 축적되어온 왜곡과 부패의 고름이 마침내 터져나온 결정적 계기가 되었다. 그날 이후, 사법의 이름으로 행해지던 정치적 편향성과 체제 거부의 민낯은 국민 앞에 드러났고, 법치주의의 본질을 다시 묻는 목소리가 광장을 메웠다. 대통령의 결단은 단지 한 시점의 대응이 아니라, 대한민국이 자유와 질서, 정의의 체제를 지켜낼 수 있다는 국가적 의지를 상징하는 역사적 전환점이 되었다.

그러나 우리는 냉엄한 현실을 마주하고 있다. 윤석열 대통령의 임기는 끝내 정치적 저항 속에서 완수되지 못했고, 자유우파가 이루어낸 개혁의 흐름은 중대한 기로에 서 있다. 이 시점은 자유우파 전체에게 거대한 시험대이자 기회의 문이다. 보수정권의 재창출은 단지 정치의 문제가 아니라, 대한민국 체제를 수호하기 위한 역사적 사명이 되어야 한다. 지금 보수는 분열하거나 흔들릴 시간이 없다. 다음을 준비해야 한다. 그리고 반드시 승리해야 한다.

단지 윤석열 대통령 한 사람의 결단과 헌신만으로 모든 병폐를 치유할 수는 없었다. 윤 대통령이 추진한 개혁은 좌파 세력의 조직적인 방해와 국회 권력의 장벽 앞에서 중도에 좌초되었고, 그로 인해 많은 개혁 과제가 완수되지 못한 채 미완의 상태로 남겨졌다. 다음 보수정권이 재창출되어야 하는 이유는 바로 여기에 있다. 윤석열 대통령이 시작한 체제 정상화의 길을 반드시 계승해야 하며, 그보다 더 깊고 더 넓게, 더 멀리까지 개혁의 뿌리를 내려야 한다. 윤 대통령의 리더십이 무너진 체제를 '되돌리는 리더십'이었다면, 다음 보수정권은 그것을 '견고하게 재건하는 리더십'으로 이어져야 한다. 지금 이 나라에 필요한 것은 단순한 복원의 정치가 아니다. 국가 전체를 다시 설계하는 대개조의 정치다.

그 첫 번째 과제는 바로 **행정의 개혁**이다. 문재인 정권 시기 행정조직은 이념과 코드인사에 따라 무너졌고, 수많은 정책기관이 정권의 홍보도구로 전락했다. 윤석열 정부가 일부 고위직 인선을 통해 방향을 바꾸었지만, 중간 간부층 이하에서는 여전히 좌파 정권의 인사 잔재가 생생히 남아 있다. 보수정권은 전체 공직사회 내부의 문화와 책임구조, 정책평가체계를 전면적으로 개편해, 법과 규칙 위에 설 수 있도록 정비해야 한다. 특히 부처별 자율성과 독립성, 감사와 견제 시스템을 강화하여, '권력에 충성하는 공직자'가 아니라 '국민에 충성하는 공직자'가 뿌리내리도록 해야 한다.

둘째, **교육의 정상화와 교실의 탈이념화**는 다음 보수정권이 반드시 해내야 할 과제다. 진보 교육감들과 교사노조는 수십 년에 걸쳐 교육현장을 정치화해 왔고, 아이들에게 정체성 혼란과 반체제 사고를 주입해왔다. 윤석열 정부가 교권 회복, 자사고 존치 등을 선언하며 방향을 잡았지만, 여전히 교육청 권한은 지역 좌파세력이 틀어쥐고 있다. 다음 보수정권은 교육부 중심의 권한 집중, 교과서 검정의 재설계, 교사양성과정의 이념 검증 등을 통해 교육의 근간을 다시 자유와 실력 중심의 체계로 전환해야 한다. 대한민국의 미래는 교실에서 시작되기 때문이다.

셋째, **재정 개혁과 복지체계 정비**도 절박한 과제다. 문재인 정부의 무분별한 확장복지는 건강보험, 고용보험, 국민연금 모두에 구조적 위기를 남겼다. 윤석열 정부는 재정준칙 복원, 복지사업 정비 등을 시작했지만, 적자의 뿌리는 깊고 저항은 거세다. 다음 보수정권은 용기 있게 국민에게 말해야 한다. 지속가능한 복지를 위해선 '무상'이 아니라 '책임'이 전제되어야 하며, 복지는 권리가 아니라 기회의 보완이어야 한다. 진짜 약자를 돕기 위해선 거짓 약자, 정치적 약자의 위선을 정리해야 하며, 조세와 복지의 순환이 망가지면 국가 자체가 무너진다는 사실을 국민이 체감하도록 해야 한다.

넷째, **사법·언론·노조 카르텔 개혁**은 대개조의 핵심이다. 윤석열 정부가 검수완박 폐기를 저지하고, 일부 정치 검찰을 정리했지만, 사법부 내부의 좌파 카르텔은 여전히 강고하다. 특히 국제인권법연구회·우리법연구회 출신 판사들은 판결을 혁명의 수단처럼 오용하고 있으며, 언론과 민주노총은 서로의 이념적 후방이 되어 대한민국의 모든 개혁을 가로막고 있다. 다음 보수정권은 이 구조를 뿌리째 개혁해야 한다. 공영방송의 민영화, 법관 인사 시스템의 전면적 개편, 노동계의 정치 개입 차단은 더 이상 선택이 아니라 체제 생존의 조건이다.

다섯째, **대한민국 사회에 침투한 중국의 영향력 공작은 더 이상 방치할 수 없는 체제 위협**이다. 지금 이 순간에도 중국은 '우마오당(五毛黨)'이라 불리는 댓글 부대를 통해 국내 온라인 여론을 조작하고 있다. 그들은 홍콩·대만·사드·북한 인권 문제 등 민감한 이슈에 대해 친중·반미 정서를 유포하며, 국내 보수 정치인에 대한 공격성 댓글을 양산해온 것으로 알려져있다. 단순한 혐중 여론의 반작용이 아니라, 중국 정부가 직접 지휘하고 개입하는 조직적 여론전이며, 이미 국내 SNS와 포털 뉴스 댓글창까지 잠식하고 있는 실정이다.

더 심각한 것은 **대한민국 선거제도에까지 중국이 그림자를 드리우고 있다는 사실**이다. 중앙선관위가 사용한 LG유플러스 통신장비 중 일부가 화웨이 장비와 연결되었다는 의혹은 단순한 음모론이 아니라, 국민 주권의 핵심인 '선거의 무결성'을 직접 위협하는 사안이다. 선관위는 관련 협력 사실을 부인했지만, 통신망이 중국 기술에 의존될 수 있다는 구조 자체가 이미 문제다. 국가의 운명을 가르는 선거가 외국 공산당 기술과 연결될 가능성이 존재한다면, 그것만으로도 자유민주주의 체제의 근간이 무너질 수 있다.

그뿐만이 아니다. **내국인과 똑같은 건강보험 혜택을 중국인들에게까지 제공함으로써 의료 재정은 심각한 손실**을 입고 있다. 지방선거 투표권을 외국인에 부여하는 법은 정치 주권을 스스로 내어주는 자해행위다. 더구나 대한민국에 결코 진정으로 동화될 수 없는 중국인과 화교 출신 인사들이 검사, 판사, 경찰, 언론, 공무원 조직에까지 진입할 수 있도록 방치한다면, 내부에서부터 체제 균열이 시작되어 결국 체제붕괴까지 되지 않으란 보장이 있겠는가. 박정희 정부가 화교 정책을 통해 국민 동화와 안보를 함께 고려했던 역사적 판단을 되새겨야 할 시점이다. 중국의 영향력 공작은 지금도 우리 삶 속을 파고들고 있으며, 다음 보수정권은 반드시 이를 차단할 명확한 전략과 결단을 준비해야 한다.

마지막으로, **국민 정신의 대개조**가 필요하다. 그 어떤 제도 개혁보다 본질적인 것은, 대한민국이 어떤 나라이고, 무엇을 지키기 위해 존재하는지를 국민이 다시 자각하는 일이다. 윤석열 대통령은 자유의 언어를 되살렸고, 전체주의의 실체를 폭로했다. 다음 보수정권은 이 언어를 국가 담론으로 확장해야 한다. 공영교육, 공영언론, 국가기념일과 법령 해설, 병역과 복무제도까지 ― 국민이 대한민국이라는 공동체를 체감할 수 있는 모든 공간에서, '국가란 무엇인가'에 대한 체계적 재교육이 필요하다. 그리고 그 중심에는 자유와 책임, 헌법과 시장, 법치와 안보라는 보수의 가치가 자리해야 한다.

보수정권이 재창출되어야 하는 이유는 단지 '정권 교체'가 목적이 아니기 때문이다. 이것은 체제를 지켜내고, 국가를 전진시키며, 미래세대에게 건전한 나라를 물려주기 위한 문명적 과업이다. 윤석열 정부가 보수정신을 복원한 정부였다면, 다음 보수정권은 그 정신을 제도와 문화, 일상의 구조 속에 정착시키는 정부가 되어야 한다. 지금 이 시점은 곧, 대한민국이 자유민주주의냐 사회주의적 전체주의냐의 갈림길에 다시 선 시간이다. 단절은 곧 퇴보이며, 정권의 단절은 체제의 단절로 이어질 수 있다.

이제 자유우파는 다시 한번 깨어나야 한다. 윤 대통령이 지키려 했던 것, 그가 남기고 간 정신, 그 불씨를 다시 활화산으로 피워내야 할 시간이다. 지금부터가 시작이다. 다음 보수정권은 단지 정치의 승리가 아닌, 자유체제 수호의 사명으로 다가와야 한다. 그 사명을 완수하지 못한다면, 대한민국은 그 다음에는 완전히 다른 나라가 되어 있을지도 모른다.

제7장

보수가 지켜야 할 7대 가치

자유대한민국의 영속을 위한 대원칙

가치가 무너지면,
나라도 무너진다

국가는 제도만으로 유지되지 않는다. 그 나라를 지탱하는 정신, 공유된 가치가 무너질 때 공동체는 방향을 잃고 해체된다. 자유민주주의, 시장경제, 법치주의, 공정과 정의, 튼튼한 안보, 전통과 가족, 그리고 애국심 — 이 일곱 가지는 단지 보수의 신념이 아니라, 대한민국이라는 나라가 자유국가로 존속하기 위한 문명의 뼈대다.

이 장은 그 일곱 가지 가치를 다시 정의하고자 한다. 잊혀진 말들 속에서, 우리가 지켜야 할 것이 무엇인지를 되묻는다. 무너지는 가치를 회복하는 일이야말로, 이 시대 보수가 감당해야 할 가장 절실한 과제다.

제7장

7.1 자유민주주의: 보수의 책임을 말하다

자유는 많은 이들에게 달콤한 단어다. 자신의 권리를 주장할 수 있고, 표현의 자유를 누릴 수 있으며, 정치적 의사에 따라 선택할 수 있는 권리가 주어진다. 우리는 그것을 '민주주의'라 부른다. 그러나 그 자유가 책임 없는 권리주장으로만 이어질 때, 민주주의는 곧 자기 파괴의 길로 나아간다. 자유는 절제와 규율이 뒷받침될 때 유지되는 질서이며, 개인의 권리만큼 공동체의 안정을 위한 책임이 동반되어야 지속 가능한 가치가 된다. 이 점에서 자유민주주의는 단순한 자유가 아니다. 그것은 자유를 지킬 줄 아는 성숙한 시민의식, 책임을 감내할 줄 아는 정치의식, 공공의 질서를 존중하는 헌법정신 위에 세워져야만 하는 체제다.

대한민국 헌법은 '자유민주적 기본질서'를 그 근간으로 명시하고 있다. 여기서 '자유'와 '민주'는 각각의 권리를 의미하는 동시에, 그것을 유지하고 지켜낼 수 있는 '질서'를 전제한다. 그러나 이 질서는 자연스럽게 굴러가지 않는다. 정치가 포퓰리즘에 매몰되고, 시민이 권리에만 몰두하고, 법치가 감정에 휘둘리는 순간, 자유는 그 무게를 잃고 표피적인 구호로 전락한다. 문재인 정부 하에서 우리는 그 실례를 똑똑히 목격했다. 검찰 개혁이라는 이름으로 법치주의는 훼손되었고, 국민의 인권을 말하면서 실상은 권력의 편의를 위한 선동이 이어졌다. 공정과 정의라는 단어는 남용되었고, 책임과 절제의 원리는 사라졌다. 자유를 외치면서도 실제로는 특정 이념에 불복종하는 시민을 적대시했던 이율배반의 정치, 그것이 좌파 포퓰리즘의 실체였다.

보수는 자유를 말하면서 동시에 책임을 말할 수 있는 유일한 정치세력이다. 보수는 국가를 단지 이념의 산물이 아닌 공동체의 지속 가능성으로 이해하며, 헌법은 이상이 아니라 질서이고, 자유는 권리가 아니라 무게감 있는 책임의 결과임을 직시해왔다. 대한민국의 건국은 단순한 독립이 아니라, 전체주의 공산주의에 맞선 자유주의 선택이었다. 이승만 대통령이 자유민주주의와 시장경제를 헌법에 명시하고, 6.25 전쟁이라는 국가 존망의 위기 속에서 미국과의 상호방위조약을 이끌어내며 이 체제를 지켜낸 것은, 단지 외교적 결단이 아니라 '자유를 끝까지 지키려는 보수의 책임 정치' 그 자체였다.

그 책임은 시대마다 다른 방식으로 요구되었다. 이승만 대통령은 대한민국의 건국을 이끌며 자유민주주의와 시장경제, 반공을 국가의 기초 질서로 세웠고, 굳건한 한미동맹의 토대 위에서 대한민국의 기초를 닦았다. 박정희 대통령은 가난 속의 자유가 허상일 수 있음을 간파했고, 국민을 살리기 위해 '자립경제'와 '산업화'라는 현실의 책임을 선택했다. 전두환 정부는 정치적 한계 속에서도 인플레이션과 외환 부족을 안정시켜 체제를 유지했고, 박근혜 정부는 북한의 잇단 도발과 안보 위기 속에서 원칙 있는 외교와 확고한 대북 억지 태세를 견지하며 안보 리더십의 중심을 지켜냈다. 이명박 정부는 글로벌 금융위기 속에서도 시장의 자율과 정부의 질서를 조화롭게 설계하며 위기를 넘었다. 그리고 윤석열 대통령은 자유를 위협하는 좌파 전체주의적 정치에 맞서, 헌법을 수호하고 체제를 방어하는 보수 리더십의 본질을 복원하고자 했다. 그가 "반국가세력과 타협하지 않겠다"고 선언했던 이유도, 단지 그가 강경해서가 아니라, 자유라는 가치가 무너지면 그 뒤에 따라올 국가의 파괴를 누구보다 분명히 보았기 때문이다.

철학자 한나 아렌트는 "자유는 단순히 속박에서 벗어난 상태가 아니라, 공공의 공간에서 행동할 수 있는 능력"이라고 말했다. 이 말은 보수의 정치가 단순히 작동하는 체제 유지가 아니라, 공적 책임을 감수하며 공동체의 질서를 설계하는 통치철학임을 다시금 일깨운다. 대한민국의 자유민주주의는 '자유만을 말하는 사람들'에 의해 유지되지 않는다. 그 자유의 무게를 알고, 그것을 지키기 위해 감수해야 할 것들을 묵묵히 받아들이는 사람들에 의해 지켜져 왔다. 그것이 바로 보수이고, 보수가 다시 중심에 서야 하는 이유다.

7.2 자유시장경제: 성장과 복지를 함께 이루는 길

경제는 곧 생존이다. 누구나 더 나은 삶을 원하고, 내일이 오늘보다 조금 더 나아지기를 바란다. 정치가 국민의 삶을 책임지는 제도라면, 경제는 그 삶의 조건을 결정짓는 가장 직접적인 도구다. 이 점에서 '어떤 경제체제를 선택할 것인가'는 단지 이념의 문제가 아니라, 국민의 일상을 구성하는 실질적 선택이다. 그리고 대한민국은 건국 이래 자유시장경제를 선택해왔다. 이승만 대통령이 1948년 헌법에 '자유시장경제 질서'를 명문화한 이래, 박정희 대통령의 산업화, 김영삼 정부의 금융실명제, 이명박 정부의 기업 중심 성장 전략, 박근혜 정부의 창조경제와 서비스산업 활성화 정책, 그리고 윤석열 정부의 규제혁신과 민간주도 시장 회복까지 — 자유시장경제는 대한민국이 빈곤국에서 세계 10위권 경제강국으로 성장할 수 있었던 가장 강력한 엔진이었다.

이 체제는 종종 오해받아 왔다. 좌파 진영은 자유시장경제를 '강자가 살아남는 정글', '약자를 방치하는 경쟁체제'로 묘사하며, 정부 개입과 분배 중심의 경제가 정의롭다고 주장해 왔다. 특히 문재인 정부는 소득주도성장이라는 허구의 이론으로 자유시장질서를 뒤흔들었고, 급격한 최저임금 인상, 부동산 규제와 세금 폭탄, 탈원전 정책 등으로 시장의 자율성을 무시하며 결국은 국민 삶의 터전을 불안정하게 만들었다. 그러나 현실은 분명했다. 시장의 힘을 억제하면 물가는 오르고, 일자리는 줄어들며, 투자와 소비는 얼어붙었다. 성장을 무시한 복지는 환상이고, 시장을 파괴한 평등은 파탄이라는 진실이 눈앞에서 확인되었다.

보수가 말하는 자유시장경제는 결코 강자만의 체제가 아니다. 그것은 시장을 통해 기회를 만들고, 성장의 결과를 통해 복지의 재원을 마련하며, 성실한 노력이 보상받는 질서를 구축하는 체제다. '따뜻한 보수', '약자와 함께하는 시장'이라는 철학은 공공재를 부정하는 것이 아니라, 효율적이고 지속가능한 방식으로 그것을 구현하려는 의지다. 보수는 복지를 부정하지 않는다. 다만 그 재원이 '기업의 활력'에서 나와야 하며, 그 복지가 '무한정한 권리'가 아닌 '필요한 이들을 위한 지원'이어야 한다는 점을 강조해 왔다. 이것이 보수가 말하는 책임 있는 복지이며, 자유시장경제와 복지는 대립하는 것이 아니라 '수단과 결과'의 관계라는 사실을 정확히 인식하는 것이 필요하다.

윤석열 대통령은 대학 시절 아버지로부터 책 한 권을 선물 받았다고 한다. 바로 밀턴 프리드먼의 『선택할 자유』였다. 그는 그 책을 통해 단순한 경제학 이론을 넘어, 국가가 개인의 삶에 개입할 때 생기는 위선과 파괴, 그리고 자유로운 시장이야말로 가장 인간적인 제도라는 사실을 깨달았다고 회고했다. 『선택할 자유』는 하이에크의 자유주의 원리를 대중적으로 해설하고, 현실 정책으로 구현한 고전이다. 프리드먼은 시장이야말로 개인이 자유롭게 선택하고, 그 결과에 책임을 질 수 있는 가장 도덕적 공간이라고 말했으며, 국가가 도덕을 강요할 때 오히려 가장 비도덕적인 결과가 나온다는 점을 날카롭게 지적했다. 윤 대통령이 복지와 규제의 장벽을 걷고 민간 주도의 성장을 강조한 배경에는, 단순한 철학이 아니라 이런 이론적 내면화가 뒷받침돼 있었던 것이다.

이명박 정부는 글로벌 금융위기 속에서도 법인세 감면과 규제완화를 통해 기업의 활력을 끌어올렸고, 동시에 사회적 약자를 위한 복지지출을 늘렸다. 박근혜 정부는 기초노령연금과 보육예산을 도입하면서도 연금개혁과 재정건전성을 병행했다. 윤석열 대통령은 재임 당시 민간주도 성장전략을 추진하며 탈원전 정책을 폐기했고, 노동시장 개혁과 디지털 혁신에 집중하면서도 기초생활보장제와 사회안전망을 유지하려는 노력을 병행했다. 보수는 현실을 알고, 지속가능성을 고민하며, 성장 없이는 복지도 없다는 단순하지만 근본적인 원리를 체화한 정치세력이다.

프리드리히 하이에크는 "시장질서는 인간이 설계하지 않아도 자발적으로 형성된 질서이며, 국가가 할 일은 그 자율성을 보호하고 정의의 원칙을 세우는 것"이라 했다. 하이에크가 이론을 세웠다면, 프리드먼은 그 이론을 국민에게 설명하고 정치의 언어로 풀어낸 인물이었다. 그리고 윤석열 대통령은 그 정신을 21세기 대한민국의 국정에 반영하며 실천하려는 리더다. 시장은 정부보다 현명하며, 개인의 선택은 관료의 설계보다 정밀하다. 보수는 시장의 자율성을 존중하며, 그 안에서 경쟁과 공정이 작동하도록 제도를 설계하고, 그 결과물로 형성된 부를 '재정'이라는 형식으로 다시 약자를 위해 순환시키는 구조를 만든다. 무너진 시장 위에는 어떤 복지도 지속될 수 없다.

자유시장경제는 단지 경제의 원리만이 아니다. 그것은 개인의 존엄, 선택의 자유, 성실함에 대한 보상, 미래에 대한 기회의 체제다. 대한민국은 그 체제를 통해 세계에서 가장 빠른 속도로 가난을 극복했고, 세계가 부러워하는 의료보험과 연금제도를 만들어냈으며, 수출 중심의 강소기업을 길러낸 나라가 되었다.

좌파는 시장의 부작용을 과장하며 체제를 바꾸려 하지만, 보수는 체제를 지키되 그 안에서 약자를 어떻게 도울 것인가를 고민한다. 그것이 보수의 실력이고, 보수가 추구하는 인간적인 경제 철학이다.

7.3 법치주의: 예측가능한 정의의 힘

법은 국가의 척추다. 정치가 방향을 잡고 행정이 움직인다 해도, 그 모든 과정을 지탱하는 것은 바로 법이다. 법은 공정한 절차의 이름으로 약자를 보호하고, 자유를 수호하며, 공동체를 해치지 않도록 감정을 통제한다. 그렇기에 민주주의란 결국 법치 위에서만 가능하다. 그러나 대한민국은 최근 수년간, 법의 이름으로 법을 부정하는 장면들을 목격해야 했다. 정의를 내세우며 법을 무너뜨리고, 공정을 외치며 절차를 생략하고, 평등을 말하면서 선택적으로 법을 적용하는 모습들이 국민 앞에 낱낱이 드러났다. 국민은 법이 감정의 도구가 될 수 있다는 것, 사법이 정치의 하수인이 될 수 있다는 것, 판결이 정의가 아닌 목적의 수단이 될 수 있다는 것을 체험하며, 점점 법을 믿지 않게 되었다. 그리고 이 실망은 단순한 분노를 넘어서 국가 질서 전반에 대한 위기감으로 확산되고 있다.

그 대표적 사례가 바로 '영장 쇼핑'으로 불리는 사법부 내부의 편향된 행태다. 이 사건은 고위공직자범죄수사처(공수처)가 윤석열 대통령에 대한 체포영장을 신청하는 과정에서 불거졌다. 통상적으로 대통령 관련 사건은 서울중앙지방법원이 관할이지만, 공수처는 이 사건을 일단 서울중앙지법에 청구했다가 원하는 형식의 영장을 받지 못하자, 그 사실을 숨긴 채 관할권이 불분명한 서울서부지방법원에 다시 청구했다. 이 법원은 좌파성향을 가진 우리법연구회 출신의 판사들이 많은 것으로 알려졌고, 당시 영장전담 판사 역시 '우리법연구회' 출신이었다.

충격적인 것은, 해당 판사가 발부한 체포영장에 담긴 내용이었다. 형사소송법 제110조는 군사상 비밀을 요하는 장소(예: 대통령 관저)의 압수·수색에 있어 해당 기관의 책임자 또는 그의 승낙이 없으면 수색을 할 수 없다고 명시하고 있으며, 제111조 역시 변호사와 의뢰인 사이의 서신 등 일정한 통신 내용을 압수할 수 없도록 보호하고 있다. 그런데 이 판사는 영장에 이 두 조항의 적용을 명시적으로 배제하며, 대통령 관저라는 사실상 군사시설에 대한 수색을 허용하는 전례 없는 결정을 내렸다. 이는 법이 정한 경계를 무시하고, 사법권을 정치적 목적에 봉사하도록 만든 사례로 기록될 수밖에 없다.

사법은 헌법 위에 설 수 없다. 그러나 당시 영장을 발부한 판사는 법률이 정한 제한조차 뛰어넘으며, 마치 자신이 법 위에 있는 듯한 판단을 내렸다. 이것이야말로 국민을 분노하게 만든 결정적 이유였다. 법조문이 명백하게 정한 권한과 제한을 무시한 채, 정치적 이해관계에 기초한 '선택적 정의'를 행사한 것 — 국민은 그제서야 법원이 반드시 공정한 기관이 아니라는, 현실의 쓰디쓴 진실과 마주하게 되었다.

이 사건은 사법부에 깊숙이 뿌리내린 '사법 카르텔'의 실체를 수면 위로 드러냈다. 정의의 최후 보루여야 할 판결이, 특정 이념 집단의 정치적 수단으로 악용될 수 있다는 사실을 국민은 처음이자 충격적으로 체험하게 된 것이다. 헌법은 법관의 독립을 보장하지만, 그 독립은 국민에 대한 책임 없는 독단이나 정치적 편향을 정당화하는 방패가 되어서는 안 된다. 법이 법을 해치는 순간, 법치주의는 제도적 껍데기에 불과해진다.

문제는 이들이 단지 해석의 차이를 넘어서, 특정 정치세력과 암묵적으로 연대하고 있다는 국민적 인식이다. 이념적으로 연계된 판사들이 반복적으로 좌파 정치세력의 입장을 옹호하거나, 반대로 자유우파 인사에 대해 불리한 판결을 내릴 때, 국민은 '정의'가 아니라 '기획된 정의'를 보게 된다. 더 이상 사법부를 공정한 제3자로 인식하지 못하게 되는 순간, 민주주의의 마지막 안전장치는 무너진다. 2024년, 대통령을 상대로 체포영장이 청구되었다는 뉴스가 일파만파로 확산되었을 때, 국민은 단지 한 사건을 본 것이 아니라, 법이라는 제도가 권력투쟁의 무기가 되어버린 현실 그 자체를 목격한 것이다. 그리고 그것은 법치의 파괴, 그 이상도 이하도 아니었다.

법치주의는 단지 법의 집행을 의미하지 않는다. 그것은 감정을 통제하고, 힘을 자제하며, 권한을 절제하는 문명의 원칙이다. 그러나 법이 편향되고, 절차가 생략되며, 특정한 목적을 위한 도구로 전락하는 순간, 법은 존재의 이유를 상실한다. 좌파는 종종 감정의 정치와 대중의 열기를 법 위에 올려놓는다. 사법 개혁이라는 명분 아래 법치의 근간을 흔들고, 검찰을 오직 개혁의 대상으로 몰아가며 그 기능 자체를 약화시켰다. 특히 문재인 정권은 공수처라는 기형적인 수사·기소 기구를 만들어, 정권에 불리한 수사는 회피하고, 정치적 필요에 따라 야당과 비판 세력을 겨냥하는 편향된 수사를 가능하게 만들었다.

이렇게 조작된 시스템은 정권이 교체된 이후에도 기형적 행태를 멈추지 않았고, 국민의 사법부에 대한 신뢰를 깊이 파괴했다. 그것은 좌파의 왜곡된 정치 유산이 여전히 국가의 심장부에서 숨 쉬고 있다는 명백한 증거였다. 국민은 그 과정을 지켜보며 마침내 직시하게 되었다. 법의 이름으로 정의가 무너지고, 정의의 탈을 쓴 사법카르텔이 나라의 방향을 좌우해 왔다는 사실을. 그리고 그것이야말로 보수가 반드시 극복해야 할, 가장 뿌리 깊고도 치명적인 체제의 위협임을 깨닫게 되었다.

자유우파 보수는 이제 법치주의의 회복을 시대적 사명으로 삼아야 한다. 보수가 권력을 가져야 할 이유는 단지 튼튼한 안보, 활력 있는 시장경제만이 아니다. 예측 가능한 정의, 질서 위에 선 자유, 법 앞에서 누구나 평등한 공동체 — 이 모든 것이 바로 보수가 감당해야 할 문명사회의 토대이자 법치주의의 참된 가치다. 감정에 휩쓸리지 않는 판결, 정권의 눈치를 보지 않는 수사, 누구에게나 공정하게 작동하는 절차의 일관성은 결코 선택 가능한 덕목이 아니다. 그것은 자유민주주의가 존립할 수 있는 최소한의 조건이며, 이 질서가 흔들릴 때 자유는 가장 먼저 무너진다.

국민은 그 무너짐의 순간을 목격했다. 법이 더 이상 자유를 보호하지 못하고, 오히려 권력의 무기로 전락했을 때, 나라는 침묵했고, 공동체는 분열되었으며, 국민은 정의라는 이름조차 믿을 수 없게 되었다. 그러나 바로 그 좌절이 새로운 각성의 시작이 될 수 있다. 진짜 법치, 진짜 정의는 감정이나 정치적

이념이 아니라, 예측 가능한 질서와 정당한 절차 속에서 피어난다. 그것을 다시 일으켜 세우는 일, 그 누구도 아닌 자유우파 보수가 감당해야 할 시대의 소명이며, 우리가 지켜야 할 가장 근원적인 체제의 기둥이다.

7.4 공정과 정의: 특권 없는 기회의 사회

정의는 말로 완성되지 않는다. 그것은 행동의 일관성과 제도의 투명성, 그리고 누구에게나 동일하게 적용되는 기준에서 시작된다. 공정 또한 마찬가지다. 결과의 평등이 아닌 기회의 평등, 감정적 만족이 아닌 합리적 절차, 그리고 피해자와 가해자를 가리지 않는 균형 잡힌 잣대가 있을 때 비로소 공정이라는 말이 실체를 갖는다. 하지만 최근 대한민국 사회에서 이 단어들은 지나치게 많이 사용되었고, 너무 쉽게 배신당했다. 특히 좌파 진영은 '정의'와 '공정'을 외치며 권력을 잡았지만, 정작 자신들이 내세운 원칙을 자기 편에게는 적용하지 않았다. 그 대표적인 사례가 조국 사태다.

'정의로운 아버지'의 탈을 쓴 조국 전 장관은, 자신과 가족이 누린 특권과 반칙을 은폐하기 위해 검찰 개혁이라는 말로 국민을 기만했다. 그의 딸이 받았던 입시 특혜, 표창장 위조, 논문 등재 의혹은 단순한 비리 차원을 넘어서, '공정'이라는 단어의 실체를 붕괴시킨 사건이었다. 문제는 이 일이 드러났을 때 좌파 진영 전체가 보인 반응이다. 그들은 침묵하거나, '검찰의 과잉 수사'라며 문제를 희석시켰고, 도리어 피해자 코스프레로 여론을 뒤흔들었다. 진보는 스스로를 도덕적 우위에 있는 세력으로 포장했지만, 실상은 권력을 위해 정의를 유보하고, 기득권을 위해 공정을 왜곡했던 집단이었다. 조국의 몰락은 한 사람의 실수가 아니라, 위선적 진보 정치의 자화상이었다.

보수는 이와 다르다. 보수는 감정을 기준으로 삼지 않는다. 정의란 감정이 아니라 원칙의 일관성이며, 공정이란 결과가 아니라 기회의 균등성임을 명확히 한다. 보수는 모두에게 같은 규칙이 적용되어야 한다고 믿는다. 특정 계층이나 이념에 따라 법이 달라져선 안 되며, 선의의 피해자나 의도 없는 가해자라는 모호한 개념으로 책임을 희석시켜선 안 된다고 말한다. 좌파는 구조적 차별과 불평등을 말하지만, 보수는 '책임을 다한 자에게 합당한 보상이 돌아가야 한다'는 능력 중심의 공정을 강조한다. 이는 단지 우파적 사고가 아니라, 자유민주주의와 시장경제의 핵심 원리다.

공정과 정의를 둘러싼 사회적 감수성은 특히 2030세대에게 중요하게 작용했다. 이 세대는 조국 사태를 통해 '기회의 평등'이 얼마나 쉽게 무너질 수 있는지를 똑똑히 보았고, 문재인 정권의 말과 행동이 얼마나 괴리되어 있었는지를 체감했다. 더불어민주당은 '공정'을 구호로 삼았지만, 정작 자신들의 내로남불에는 침묵했고, '운동권 카르텔'은 국가기관과 언론, 교육계 전반에 침투해 자신들만의 기득권 체계를 강화해왔다. 그들은 '적폐 청산'을 외치며 반대편 인사들을 도려냈지만, 스스로는 성역이 되기를 원했다. 이는 진정한 공정이 아니라, 정치적 보복의 정당화였고, 정의의 이름으로 정의를 짓밟은 사례였다.

보수는 다르게 말한다. 기회의 평등은 출발선의 동일함을 의미하며, 그 이후의 결과는 각자의 선택과 책임에 따라 다를 수 있다는 것을 인정한다. 보수는 '같은 처지'가 아닌 '같은 법'이 정의의 기준이라고 본다. 자유란 책임이 수반될 때만 비로소 존중받을 수 있으며, 특권은 폐지되어야 하지만 능력은 보상받아야 한다. 그것이 공정이다. 그리고 그 공정이 축적될 때, 사회 전체가 건강하게 순환할 수 있다.

윤석열 대통령은 검찰총장 시절 "나는 사람에게 충성하지 않는다"면서 "법 앞의 평등은 대한민국이 포기할 수 없는 헌법 원칙"이라고 말했다. 그는 대통령이 된 후에도 줄곧 같은 메시지를 강조했다. 특정 계층이 혜택받지 않도록 하는 규제 철폐, 공정한 채용 시스템을 위한 블라인드 제도 정비, 법 앞의 예외 없는 영장주의 등은 모두 보수가 말하는 제도적 공정의 실현 방식이었다. 윤 대통령은 보수정권이 말하는 공정이 단지 경제적 효율성의 개념이 아니라, 국가 공동체의 신뢰 회복과 세대 간 정의 구현이라는 철학에서 비롯되었음을 보여주었다.

공정은 말이 아니라 실천이며, 정의는 구호가 아니라 결과다. 보수는 이 두 가지를 모두 감당할 준비가 되어 있는 정치세력이다. 감정이 아닌 원칙, 이념이 아닌 질서, 편향이 아닌 균형 — 이것이 보수가 말하는 공정이고, 우리가 지켜야 할 정의의 원칙이다. 특권 없는 기회의 사회는 이상이 아니라 가능성이다. 그리고 그 가능성을 끝까지 붙잡고 제도화할 수 있는 힘은 바로 자유우파 보수의 철학과 통치의지에서 비롯된다.

7.5 안보와 국방: 평화는 힘으로 지켜야 한다

평화는 말로 얻어지지 않는다. 진정한 평화는 말이 아니라 힘에서 나온다. 국제 질서에서 '좋은 의도'는 그 자체로 아무런 보호막이 되지 못하며, 약한 국가는 평화를 원할수록 더욱 쉽게 침략의 표적이 된다. 역사는 말한다. 평화는 힘이 있는 자에게만 허락되는 일시적 상태일 뿐이라고. 그 힘은 곧 억제의 능력이자, 침략에 대한 대비이며, 의지를 행동으로 증명할 수 있는 물리적 기반이다. 그렇기에 보수는 평화를 말할 때 항상 안보를 전제로 하고, 국방력을 핵심 가치로 삼는다. 힘 없는 평화는 존재할 수 없으며, 무장된 억제력 위에서만 지속 가능한 평화가 성립된다.

대한민국은 지금도 전쟁이 끝나지 않은 나라다. 1953년의 정전협정은 전쟁의 일시 중지일 뿐, 항구적 평화도 아니고 법적 종전도 아니다. 북한은 수십 년 동안 대남 적화전략을 바꾸지 않았고, 마침내 핵무기까지 손에 넣었다. 2025년 현재, 북한은 7차 핵실험을 앞두고 있으며, ICBM과 극초음속 미사일 개발을 가속화하고 있다. 러시아-우크라이나 전쟁에 군인들을 파견해서 현대전의 전술 전략을 숙지했고, 전장에서 배운 경험을 토대로 새로운 드론 무기를 제작하여 시험하고 있다. 대한민국의 수도권은 단 5분이면 포격이 가능한 장사정포의 사정권 안에 있으며, 북한은 사이버전, GPS 교란, 해킹 등 비대칭 전력까지 보유한 명백한 위협세력이다.

보수는 이러한 위기 앞에서 언제나 현실적 억제력을 기반으로 안보 전략을 구축해 왔다. 6·25 전쟁이라는 절체절명의 순간에도 이승만 대통령은 대한민국의 자유를 지키기 위해 미국과의 혈맹을 이끌어냈고, 1953년 한미상호방위조약 체결을 통해 대한민국의 군사안보를 세계 최강국의 방패 아래 둠으로써 자유민주주의의 기반을 마련했다. 박정희 대통령은 자주국방이라는 기치를 내걸고 방위산업 육성과 병영 현대화에 착수했으며, 유사시 자국 스스로를 방어할 수 있는 물적 기반을 다지기 위한 장기 계획을 실행에 옮겼다. 이는 단지 군비 증강의 문제가 아니라, 국민이 안보의 주체로 서는 국가적 자각의 출발점이었다.

이런 현실 앞에서 '평화 담론'을 말할 수는 없다. 군사적 억제력과 국가적 단호함이 없다면, 그 어떤 외교적 노력도 신뢰를 얻을 수 없다. 보수는 이 점을 명확히 인식한다. 윤석열 대통령은 "우리가 먼저 무너지면, 평화도, 자유도 없다"고 반복해 말했으며, 대통령 후보 시절부터 북한을 '주적'으로 명확히 규정하고, 한미동맹을 최우선 외교과제로 삼았다. 그는 취임 후 확장억제 실행력 강화를 위해 전술핵 재배치 논의까지도 불사하겠다는 의지를 드러냈고, 한미 연합훈련의 전면 복원과 함께, 2024년부터 미국의 핵잠수함과 전략폭격기, 핵심 전력이 한반도 인근에 지속적으로 전개되도록 했다. 이는 단지 군사훈련이 아니라 힘에 기반한 외교, 즉 강한 국방력을 전제로 한 평화의 전략적 설계였다.

반면, 좌파는 평화를 단지 감성적 구호로 이해해왔다. 문재인 정권 시절, '한반도 운전자론'이라는 허상 속에서 9·19 남북군사합의가 체결됐지만, 이는 우리 군의 정찰능력을 제한하고, 북한의 전술기지 구축을 방치한 결과로 이어졌다. 북한은 합의 직후에도 끊임없이 미사일을 발사했고, 심지어 서해상에서 우리 공무원을 총살하고 시신을 불태우는 만행까지 저질렀지만, 당시 정부는 실상을 은폐하기에 급급했다. 좌파는 '전쟁을 막겠다'는 구실로 대비를 포기했고, '평화의 제스처'라는 명분으로 안보태세를 허물었다. 결과적으로 국민은 '위험한 평화'라는 허상을 믿는 대가로 더 불안한 안보 환경 속에 노출되어야만 했다.

국방이란 무기를 들고 싸우는 것이 아니라, 싸우지 않도록 만드는 준비다. 강한 힘은 충돌을 막고, 명확한 태도는 오해를 줄이며, 일관된 동맹은 적에게 계산 가능한 경고를 던진다. 보수는 이 점을 누구보다 잘 알고 있다. 이승만 대통령이 미국과의 상호방위조약을 성사시키며 한미동맹의 틀을 만든 것도, 박정희 대통령이 국방과학연구소를 설립하고 독자적 무기체계를 구축한 것도, 모두가 "자주국방"과 "전쟁 억지력"이라는 안보의 원칙에 충실했기 때문이다. 윤석열 정부 역시 이를 계승해, 3축 체계 강화(킬체인, KAMD, KMPR), 첨단전력 투자, 예비군 정예화 등을 병행 추진했다.

또한 보수는 '국방의 시민화'라는 개념에도 깊이 천착해야 한다. 안보는 결코 군대만의 일이 아니다. 전시 상황이 현실로 다가오는 이 시대에, 국민 개개인이 위협을 인식하고 대응할 수 있는 준비를 갖추는 일은 국가 생존의 필수 조건이다. 안보는 군부대의 울타리 안이 아니라 국민의 삶 속에서 실현되어야 하며, 그것이 곧 체제에 대한 공동의 책임이다.

윤석열 대통령은 재임 중, 진보 정권 하에서 '평화'라는 허울 좋은 명분 아래 사실상 폐지되었던 민방위 훈련을 부활시켰다. 이는 단순한 훈련 재개를 넘어, 대한민국 국민이 다시금 '국가를 지킨다'는 감각을 회복하도록 하는 상징적 조치였다. 아울러 정부는 유사시 시민 대응 매뉴얼을 전국적으로 배포하여, 재난과 전시 상황에 대한 공공 대응체계를 일상적 수준으로 끌어올리고자 했다. 국방부는 예비군 동원체계를 IT 기반으로 정비함으로써, 21세기형 첨단 국민방위 체제를 구축하려는 노력을 병행했다.

보수는 강한 군사력만을 말하지 않는다. 보수는 힘을 실질적으로 작동하게 하는 기반, 곧 국민의 책임의식과 참여를 통해 비로소 안보가 완성된다는 철학을 견지한다. 진짜 안보는 총과 전차만으로 지켜지지 않는다. 공동체 전체가 유사시에 함께 대응할 수 있는 시민 안보의 토대, 그것이 곧 보수가 말하는 안보이며, 국방의 본질이다. 이 시대, 보수는 그 본질을 국민과 함께 다시 세워야 한다.

결국 평화는 강자의 특권이다. 억지력이 없는 나라는 평화를 구걸해야 하고, 그 평화는 늘 깨질 위험을 내포한다. 대한민국은 결코 구걸하지 않는다. 우리는 자유를 수호하는 문명국가이며, 그 자유를 지키기 위해 기꺼이 단호한 힘을 감당하는 국민들이다. 보수는 그 정신을 계승하고, 안보를 말로가 아니라 행동으로 증명하는 정치세력이다. 안보 없는 평화는 없고, 책임 없는 자유는 없다. 그렇기에 우리는 지금도, 앞으로도 평화를 위해 싸워야 한다. 그리고 그 최후의 보루는 언제나 힘을 갖춘 보수의 안보 철학이다.

7.6 전통과 가족: 사회의 뿌리를 지키는 가치

보수가 지키려는 것은 과거가 아니라, 지속 가능한 미래다. 그 미래는 가족이라는 울타리 속에서 자란 시민들이 책임을 알고 자유를 존중하며 사회에 기여할 때 비로소 가능하다. 전통은 그들이 뿌리를 기억하게 해주는 이정표이고, 가족은 그 뿌리에서 자라나도록 보호하는 둥지다. 좌파가 말하는 평등이 개인을 고립시키는 자유라면, 보수가 말하는 평등은 관계 안에서 배우는 책임의 자유다. 전통과 가족을 지킨다는 것은 결국 사람을 지키는 일이며, 사회의 미래를 준비하는 일이다.

지금 우리가 마주한 것은 단순한 가치의 대립이 아니다. 그것은 '우상'과 '이성', 감정적 해체의 충동과 공동체적 질서의 철학이 충돌하는 체제전쟁이다. 좌파는 이 전쟁에서 전통과 가족을 낡고 배제해야 할 질서로 규정하고, 모든 인간관계를 개인의 선택과 성적 자기결정권의 문제로 환원시키려 한다. 그러나 가족은 단지 혈연의 공동체가 아니다. 그것은 인간이 처음으로 책임을 배우고, 헌신을 경험하며, 자신보다 큰 가치를 배워나가는 출발점이다. 전통은 그런 가족을 지키는 사회적 장치이며, 그 전통이 무너진 공동체는 이기주의와 분열, 해체의 길을 걷게 된다.

해외의 사례는 이러한 경고를 현실로 보여준다. 미국과 유럽에서는 트랜스젠더의 권리를 보호한다는 명목 아래 남성이 여성 화장실이나 탈의실, 심지어 여성 전용 스포츠 대회에 출전하는 일이 법적으로 허용되었고, 이에 따른 사회적 혼란이 급속히 확산되었다. 캐나다에서는 성별 대명사 사용 강제를 법으로 규정하며 표현의 자유 논란이 촉발됐고, 영국과 미국에서는 여성 선수들이 남성 생물학적 성별을 지닌 트랜스젠더 선수들과의 경쟁에서 밀려나며 '여성의 공간' 자체가 무너지는 현상이 벌어졌다. 이는 결국 여성 인권 보호라는 진보의 명분조차 허물고, 정체성 혼란과 제도적 혼선을 초래하는 악순환으로 이어졌다.

이러한 문제는 대한민국에서도 점차 현실이 되고 있다. 일부 지방자치단체와 교육청에서는 '모두를 위한 화장실'이라는 명목으로 성 구분 없는 화장실 설치를 추진했으며, 이는 학부모와 학생들의 거센 반발을 불러왔다. 문정부 시절의 여성가족부는 페미니즘 편향 교육을 확대하며 남성 일반을 잠재적 가해자로 취급하는 내용을 공공기관 교육 자료에 포함시켰고, 일부 교과서에는 결혼과 가족을 억압적인 제도로 묘사하며 다양한 가족 형태만을 일방적으로 긍정하는 서술이 실렸다. 이는 결국 아이들에게 가족의 의미를 혼란스럽게 하고, 전통에 대한 불신을 심는 교육으로 이어지고 있다.

가족이 무너진 사회는 출산율에서도 그 대가를 치른다. 대한민국의 2023년 합계출산율은 0.72명으로, 세계에서 가장 낮은 수치를 기록했다. 이는 단순한 경제 문제나 개인의 선택 탓이 아니다. 가족을 부정하고, 전통을 억압하고, 공동체를 해체하는 이념이 사회 전반에 퍼져 있는 한, 젊은 세대가 결혼과 출산을 삶의 일부로 받아들이기란 어렵다. 출산은 생물학적 행위이기 이전에, 사회적 신뢰와 미래에 대한 기대가 있을 때 가능해지는 선택이다. 그러나 좌파가 만든 문화는 결혼을 구속으로, 가족을 불평등의 구조로, 자녀 양육을 여성 억압의 재생산으로 바라보게 만들었고, 그 결과 오늘의 초저출산이라는 재앙이 도래한 것이다.

보수는 이 현실을 직시해야 한다. 전통을 지킨다는 것은 과거로 돌아가는 것이 아니라, 미래를 위해 건강한 공동체의 조건을 다시 세운다는 의미다. 가족은 국가의 기본 단위이며, 헌법 역시 혼인과 가족생활을 보호할 것을 명시하고 있다. 그런데도 지금 대한민국 사회는 가족 해체를 자유라 부르고, 전통을 억압이라 매도하며, 아이들을 사회적 관계에서 단절된 고립된 개인으로 길러내고 있다. 이러한 흐름은 국가의 지속 가능성을 파괴하는 문명적 자해이며, 반드시 중단되어야 한다.

따라서 다음 보수정부는 가족 해체를 조장하는 좌파의 문화정책과 교육정책을 전면적으로 수정해야 한다. 교과서의 균형 있는 서술, 공영방송의 책임 있는 콘텐츠, 여가부의 구조적 개편, 성인지 예산의 재검토 등이 시급한 과제다. 무엇보다 가족이 공동체의 중심이라는 가치관을 사회 전반에 확산시켜야 한다. 어린 세대가 사랑과 희생, 책임과 돌봄의 가치를 체득할 수 있는 환경, 결혼과 출산이 사회적으로 존중받고 실질적으로 지원받는 문화, 그리고 전통을 억압이 아닌 지혜로 바라보는 인식의 전환이 필요한 때다.

보수는 이제 전통과 가족을 단지 보존해야 할 유산이 아닌, 미래세대가 살아갈 자유의 토양으로 만들어야 한다. 꽃은 흙에서 피어난다. 자유라는 꽃이 피어나기 위해서는, 반드시 뿌리가 필요하다. 그 뿌리는 바로 전통이고, 그 전통의 씨앗은 가족이다. 우리가 오늘 지켜야 할 이 가치는 내일의 자유가 된다. 이제 보수가 그 자유의 토양을 다시 일구고, 그 씨앗을 다음 세대에게 건네야 할 시간이다.

대한민국은 아직 지킬 것이 많고, 건넬 것이 많은 나라다. 그리고 그 사명을 잊지 않는 한, 이 나라는 결코 무너지지 않는다.

7.7 애국심과 국가 정체성: 우리는 누구인가

국가는 단지 지리적 경계선 위에 세워진 행정 구조가 아니다. 그것은 세월이 쌓은 기억이며, 고난 속에서 지켜온 가치의 총합이다. 우리가 '대한민국'이라는 이름에 자부심을 느끼는 이유는, 단지 산업화에 성공했기 때문도, 경제성장을 이뤘기 때문도 아니다. 그보다 더 깊은 이유는, 이 나라가 공산 전체주의의 유혹을 뚫고 자유를 선택한 나라였으며, 무수한 희생 위에서 법치와 민주주의, 공동체의 윤리를 일궈낸 역사적 정체성을 가진 나라였기 때문이다.

이승만 대통령은 헌법 위에 자유의 기둥을 세웠고, 그것은 단지 한 나라의 정치체제를 정한 선언이 아니라, 문명사의 분기점에서 공산 전체주의를 단호히 거부한 체제의 선택이었다. 박정희 대통령은 가난의 절벽에서 국민을 살리기 위해 산업화를 추진했고, 그것은 단순한 경제정책이 아니라, 자유 속에 자립을 더한 국가 생존의 전략이었다. 그리고 윤석열 대통령은 전체주의적 선동이 자유를 위협하는 이 시대에, 대한민국의 정체성을 끝까지 지켜내겠다는 결연한 선언과 함께 보수의 책임을 다시 불러냈다.

보수가 말하는 애국심은 단지 국기를 흔드는 감정적 표출이 아니다. 그것은 헌법보다 먼저 존재하는 국민의 양심이며, 나라가 어려울 때 침묵하지 않고, 법 앞에서 평등하게 책임을 지며, 자유가 위협받을 때 두려움 없이 지켜내는 도덕적 실천

이다. 세금을 성실히 내고, 자녀를 올바르게 교육하며, 거짓 선동에 흔들리지 않는 일상 속의 양심. 그것이 바로 보수가 말하는 애국의 본질이다.

그러나 지난 수십 년간 이 나라의 정체성은 교묘하게, 때로는 노골적으로 흔들려 왔다. 좌파는 '대한민국은 태어나지 말았어야 할 나라'라는 비뚤어진 자기혐오를 교육현장에 심고, 국군의 정통성을 지우며, 이승만과 박정희를 독재자로만 규정했다. 자유를 수호하기 위한 체제를 '기득권의 억압 체계'로 치환하고, 헌법의 근간을 의심하게 만들며, 심지어 북한과 중국의 전체주의에는 침묵하면서 대한민국의 자유주의에는 독설을 퍼부었다. 이러한 거대한 담론의 왜곡은 단지 학술의 문제가 아니라, 국민의 의식을 조종하려는 체계적인 체제전복 시도였다.

보수는 이 위협에 침묵하지 않는다. 보수가 말하는 국가 정체성이란 과거를 찬양하자는 것이 아니다. 그것은 우리가 어떤 가치를 지켜왔고, 앞으로 어떤 좌표를 따라 나아가야 하는지를 분명히 하는 문명의 설계도다. 자유민주주의, 시장경제, 법치, 공동체 윤리 ― 이 모든 가치는 특정 정권의 것이 아니라, 대한민국을 이루는 뿌리이며, 그 뿌리를 뽑아내려는 시도야말로 진짜 '반역'이다.

윤석열 대통령은 "이 나라는 자유를 지키는 최후의 보루가 되어야 한다"고 선언했다. 그것은 정권의 언어가 아니라, 국가의 정체성에 대한 결단이었다. 그리고 그 결단은 지금도 수많은 국민의 가슴 속에 울려 퍼지고 있다. 우리는 누구인가? 우리는 자유를 택한 국민이며, 이 체제를 지키기 위해 싸워온 공동체다. 우리가 지켜야 할 것은 '땅'이 아니라, 그 땅 위에 세워진 '정신'이며, 그 정신이 깃든 체제다.

『대한민국 체제전쟁 ― 우상과 이성』이라는 이 책이 전하려 한 가장 큰 메시지는 바로 그것이었다. 우상이란, 감정과 왜곡된 이념으로 진실을 덮으려는 시도였고, 이성이란, 자유와 질서로 공동체를 세우려는 용기였다. 우리는 이 우상과 이성의 전쟁 한복판에서 살아가고 있으며, 그 싸움은 정권의 문제가 아니라 국민정신의 문제다. 애국심이란 바로 그 정신을 깨우는 불꽃이다.

이제 보수가 해야 할 일은 단순한 정치가 아니다. 그것은 국가의 정체성을 지키는 일이며, 그 정신을 다음 세대에게 물려주는 일이다. 우리가 오늘 지키는 자유는, 내일의 아이들이 숨쉴 공간이고, 우리가 지금 붙잡는 정체성은, 다음 세대가 자긍심을 가질 수 있는 뿌리다. 나라를 사랑한다는 말은, 바로 그 가치를 아끼는 마음이며, 그 정신을 다음 세대에게 건네는 의무다.

우리가 누구인지를 잊지 않을 때, 우리는 자유로운 국민으로 존재할 수 있다. 그 자유 속에 꽃피는 애국심, 그것이야말로 이 시대 보수가 지켜야 할 최후의 가치이며, 다음 세대를 위해 남겨야 할 가장 아름다운 유산이다.

에필로그

이 책을 쓰는 동안, 수없이 되묻지 않을 수 없었다. 과연 대한민국의 보수는 이 체제전쟁에서 이길 수 있을까? 우리는 정말 자유민주주의의 길을 지켜낼 수 있을까? 답을 쉽게 내릴 수 없는 물음이었다. 현실은 여전히 거칠고, 전망은 결코 낙관적이지 않기 때문이다.

국가는 하루아침에 무너지지 않는다. 아주 조용하고 느리게, 그러나 치명적으로 무너진다. 헌법은 그대로 있어도 국민의 마음에서 헌법이 사라지고, 체제는 유지되어도 국민의 의식에서 그 체제에 대한 믿음이 사라질 때, 그 나라는 이미 '기억속의 나라'로 전락한다.

서서히 데워지는 물에 담긴 개구리가 죽어가는 줄도 모르고 숨이 끊어지듯, 국민도 체제 붕괴의 징후를 감지하지 못한 채 서서히 '자유의 죽음'을 맞게 되는 것이다.

우리는 지금 그런 전환점에 서 있다. 외형은 자유민주주의지만, 내용은 점점 전체주의를 닮아가는 사회. 입으로는 '정의'를 말하지만 실상은 편향된 권력의 작동. '민주주의'라는 이름 아래 벌어지는 다수의 독선과 국민 무시. 이 모든 구조적 위기를 지켜보며, 나는 이 책을 통해 조용히 기록하고 싶었다. 무너지는 체제를 막기 위한 마지막 기록, 그리고 시작의 기록을.

보수는 늘 '지키는 것'에서 출발한다. 그것은 수구가 아니다. 가장 오래된 것을 지키되, 가장 지혜롭게 변화시키는 것. 그것이 진짜 보수의 정신이며, 내가 이 책에서 말하고 싶었던 '살아 있는 철학'이었다.

그러나 이 책은 단지 과거를 회상하려는 책이 아니다. 미래를 묻는 책이다. 보수가 정말로 이 나라의 미래를 책임질 수 있는가? 보수가 '말'이 아니라 '책임'으로, '기득권'이 아니라 '헌신'으로 설 수 있는가? 그리고 자유를 말하는 우리가, 정말로 자유를 지킬 각오가 되어 있는가?

윤석열 대통령은 떠났다. 하지만 그는 '지킨다는 것의 의미'를 시대 앞에 선명히 남기고 갔다. 그가 외쳤던 '반국가세력과의 단호한 단절', 그가 실천했던 '헌법을 수호하려는 마지막 결단', 그 모든 것은 아직도 우리 앞에 남아 있는 질문이자 유산이다.

그가 꺼낸 불씨는 이제 우리 각자의 마음속에서 활화산이 되어야 한다.

책장을 덮는 지금, 나는 조용히 한 문장을 되새긴다.

"자유는 스스로 지켜지지 않는다. 누군가가 그것을 위해 책임져야 한다."

이제는 바로 우리가 그 '누군가'가 되어야 한다. **정치는 권력의 일이지만, 체제를 지키는 일은 국민 모두의 몫이다.** 국가의 미래는 선거로만 바뀌지 않는다. 일상의 언어 속에서, 교육과 문화 속에서, 가정과 학교, 직장에서 이뤄지는 '자유의 습관'이 쌓일 때, 비로소 우리는 체제를 지켜낸 세대가 될 수 있다.

진보의 말에 속았던 시간은 끝났다. '우상'이 만든 허상을 벗기고, '이성'으로 진실을 지켜야 할 시간이다. 그리고 그 중심에, 이 시대의 보수가 서야 한다.

이 책이 그 걸음을 함께한 작은 기록이기를, 자유를 다시 일으키는 하나의 불씨이기를, 그리고 대한민국이 '자유의 나라'로 다시 일어서는 여정에 작은 나침반이 되기를 간절히 바란다.

계절은 분명 봄인데도
마음에는 아직 매서운 겨울바람이 머물고 있다.
광장의 함성을 뒤로한 채, 책상 앞에 앉아 이 글을 마친다.

저자 김채환

참고문헌

- 건강보험공단, 『2022~2024 건강보험 재정통계』
- 건강보험공단·국민연금공단, 『복지 재정 보고서 및 지속가능성 보고서』
- 경제개혁연대 보고서, 『문재인 정부의 규제정책 분석』
- 경제기획원, 『1970~1990 한국경제백서』
- 고용노동부, 『노조 회계공시 및 정치개입 규제 정책자료』
- 고용노동부, 『일자리정책 백서』
- 과학기술정보통신부, 『에너지 정책 전환과 원전 산업 회복 전략』
- 교육부, 『교육감 직선제와 공교육 정상화 관련 제도 검토』
- 교육부, 『블라인드 채용제도와 공정채용 가이드라인』
- 교육부, 『성교육 및 젠더교육 지침 개편 자료』
- 교육부, 『자사고·외고 지정 취소 정책 경과 정리』
- 교육부, 『자유학기제 및 고교체제 개편 관련 정책 자료』
- 교육부, 『초·중등 역사교육과정 개정안 및 비판적 검토 보고서』
- 국가공무원인재개발원 강의 자료 외.
- 국가정보원, 『2023 국가안보 위협 동향 보고서』(2024)
- 국가정보원, 『북한 주체사상과 대남전략 보고서』(2020)
- 국립국어원, 『국민정신사전』
- 국립외교원, 『미중 전략경쟁과 한국의 대응전략』 (2023)
- 국무조정실, 『박근혜 정부 정책성과 보고서』
- 국민연금공단, 『연금재정 재계산 결과 및 구조개혁 필요성 보고서』
- 국방기술품질원, 『3축 체계와 자주국방 전략의 진화』
- 국방부 9·19 군사합의 백서(2020)
- 국방부, 『2024~2025 국방백서』
- 국방부, 『사드 및 대중국 외교노선 분석 보고서』
- 국방부, 『사드 배치 관련 정부 공식 입장자료』
- 국방부, 『한미 연합훈련 및 사드 배치 관련 백서』
- 국방연구원, 『북한 비대칭 전력과 한국 안보의 과제』(2022)
- 국사편찬위원회, 『대한민국 건국사 논쟁에 대한 공식 견해 자료집』
- 국정원, 『2023 국외 세력 사이버 위협 보고서』

- 국정원,『중국의 해외 영향력 공작 분석』
- 국정원·국방부 간행물,『북한 체제 분석 보고서』
- 국제원자력기구(IAEA) 후쿠시마 오염수 관련 검증보고서
- 국토교통부,『2017~2022 부동산 정책 일지 및 주택 가격 통계』
- 국토교통부,『부동산 가격 동향 분석 보고서』
- 국회 예산정책처,『국가채무 추계 및 복지지출 보고서』
- 국회 외교통일위원회,『2023 한반도 안보 실태 청문회 속기록』(2024)
- 기획재정부,『2008~2012 경제정책 운영 백서』
- 기획재정부,『문재인 정부 5년 재정운용 결과 분석』
- 기획재정부,『보수정권 시기 정책성과 백서』
- 기획재정부,『복지재정 백서』(2020, 2022)
- 기획재정부,『자유시장경제 기반의 성장정책 백서』
- 기획재정부,『재정준칙 도입과 중장기 재정전략』
- 기획재정부,『재정현황 및 중기 재정계획』
- 김광동,『한국의 좌익운동사』, 조선일보사(2013)
- 김기수,「전교조의 이념 편향 교육 실태」, 자유민주연구학회(2022)
- 김영환,『운동권의 시대는 끝났다』, 북앤피플(2020)
- 김용삼,『이승만과 대한민국 건국의 철학』, 시대정신
- 김용삼,『이승만의 나라』, 백년동안
- 김용삼,『해방 후 비밀전쟁』, 시대정신(2017)
- 김용현 외,『동북아 국제질서의 전환과 한국의 전략』, 세종연구소
- 김원봉,『정의란 무엇인가, 한국 정치에 묻다』, 자유사회연구소
- 김황식,『보수의 품격』, 기파랑(2021)
- 남정욱,「우리법연구회의 실체」,『신동아』, 2023년 10월호.
- 대통령기록관,『박근혜 대통령 주요 연설문 및 정책집행 요약』
- 대통령기록관,『이명박 대통령 주요 국정운영 자료집』
- 대통령실 국정 철학 및 정책자료집(2022~2024)
- 대통령실 안보전략자료집, 윤석열 정부(2022~2024)
- 대통령실 인사자료집 및 정책자료집(2022~2024)

- 대통령실, 윤석열 대통령 가족정책 및 전통문화 관련 연설자료(2022~2024)
- 대통령실, 『윤석열 대통령 국정운영 2년 성과 보고서』(2024)
- 대통령실, 『윤석열 대통령 안보 관련 연설 및 발언집』
- 대통령실, 『윤석열 대통령 헌법 및 법치 관련 연설 모음집』(2022~2025)
- 대한민국 국방부, 『사이버안보백서』
- 대한민국 외교부, 『2024 한일관계 현안 정리문서』
- 대한민국 중앙선거관리위원회 화웨이 관련 입장자료
- 더글라스 머레이, 『광기의 시대』, 오퍼스 프레스
- 동아시아연구원(EAI), 『2025 동북아 국제정세 분석 보고서』
- 러셀 커크, 『보수의 정신』
- 로널드 레이건 연설 모음집, The Ronald Reagan Presidential Foundation
- 마거릿 대처, 『The Downing Street Years』
- 문재인 대통령 중국 국빈방문 발언록 및 청와대 공식 브리핑(2017.12)
- 문재인 정부 국정백서 및 고용노동부 정책자료
- 문재인 정부 국정백서, 대통령비서실(2020)
- 문재인 정부 국정백서, 청와대 정책자료집
- 문재인 정부 청와대 남북관계 주요 발표문 및 외교부 기록
- 미국 공화당 · 민주당 정책 비교 보고서(2020~2024)
- 미국 국무부, 『인도 · 태평양 전략 보고서』(2022)
- 밀턴 프리드먼, 『선택할 자유 (Free to Choose)』, 비봉출판사
- 밀턴 프리드먼, 『자유를 위한 선택』, 김진원 옮김, 비봉출판사
- 박근혜 정부 정책자료집, 기초생활보장제도 개편 관련
- 박세일, 『보수의 미래』, 나남(2009)
- 박효종, 『자유민주주의와 대한민국』, 기파랑(2017)
- 방송통신위원회, 『공영방송의 중립성 확보 방안』
- 법무부, 『사법개혁 정책 방향과 사법신뢰 회복 로드맵』
- 법무부, 『우리법연구회 및 국제인권법연구회 관련 판결 분석 보고서』
- 북한인권정보센터, 『북한 인권 실태 보고서』(2018~2023)
- 북한인권정보센터, 『북한 인권 실태 보고서』2018~2023

- 북한정보포털, 통일부, 「북한 경제개요」(2024)
- 서울대 사회학과 공동연구팀, 『2030 세대의 정치의식 변화 보고서』
- 서울대 통일평화연구원, 『북한 해킹과 정보전 동향』
- 안토니오 그람시 『옥중수고』
- 알렉산더 해밀턴 외, 『페더럴리스트 페이퍼』
- 언론 보도 프레임 분석 보고서(2023)
- 에드먼드 버크 『프랑스 혁명에 관한 성찰』
- 여성가족부, 『가족 다양성 정책과 사회적 영향 보고서』
- 외교부, 『2024 한미 NCG 확장억제 협의체 결과 보고』
- 외교부, 『한미 확장억제 정책 및 전략자산 전개 협의 결과』
- 외교부, 『한미동맹사 자료집』, 2023판
- 우리법연구회 및 국제인권법연구회 활동 보고서
- 윌리엄 F. 버클리 Jr., 『God and Man at Yale』(1951)
- 윌리엄 F. 버클리, 『보수주의자의 양심』, 인간사랑(2016)
- 윤덕룡, 『한미동맹과 대한민국의 미래』(2020)
- 윤석열 대통령 국정과제 이행현황 보고서(2022~2024)
- 윤석열 대통령 비상계엄 선포문 및 이후 기자회견 자료(2024.12.3)
- 윤석열 대통령 외교·안보 연설문집(2022~2025), 대통령실 외교안보비서관실
- 윤석열 대통령 자유민주주의 관련 연설자료(2022~2024)
- 윤석열 대통령 주요 발언집 및 취임사, 대통령실 정책자료
- 윤석열 대통령 주요 연설문 및 대통령실 브리핑 모음(2022~2025)
- 윤석열 대통령 취임사 및 관련 정책연설, 대통령실 자료집(2022~2024)
- 윤석열 대통령 한일정상회담 공동기자회견문(2023~2024)
- 윤석열 정부 국정철학 백서, 대통령실 정책자료집(2022~2024)
- 이명박 정부 정책백서, 『글로벌 금융위기 대응과 성장 전략』
- 이승만, 『건국 대통령의 철학과 국가비전』
- 이영훈, 『대한민국 이야기 1~3권』, 기파랑
- 이영훈, 『반일 종족주의와의 투쟁』, 미래사(2020)
- 이영훈, 『반일 종족주의』, 미래사(2019)

- 이재명 공직선거법 1심 · 2심 판결문
- 이준구, 『진보는 왜 실패하는가』, 푸른숲(2018)
- 이철승, 『운동권의 사회학』, 문학동네(2020)
- 자유민주연구원, 『공정의 정치철학과 자유우파의 역할』
- 자유민주연구원, 『국가 정체성과 자유보수의 역할』
- 자유민주연구원, 『동아시아 안보질서와 한국의 외교전략』
- 자유민주연구원, 『보수 리더십과 국가 체제 유지에 관한 분석』
- 자유민주연구원, 『보수경제와 복지정책의 조화에 관한 연구』
- 자유민주연구원, 『보수정부의 국가개조 과제 보고서』
- 자유민주연구원, 『비군사전 위협 분석과 국가대응 전략』
- 자유민주연구원, 『사법 카르텔과 영장쇼핑 실태 보고서』
- 자유민주연구원, 『시민의식과 자유주의 체제 유지 조건』
- 자유민주연구원, 『자유민주주의와 대한민국 체제 보존의 조건』
- 자유민주연구원, 『전통과 공동체: 보수의 문화철학』
- 자유민주연구원, 『좌파 포퓰리즘의 구조와 폐해』
- 자유민주연구원, 『중국몽과 대한민국의 외교 전략』
- 자유민주연구원, 『평화를 지키는 안보: 자유우파의 국방철학』
- 자유민주연구원, 『한미동맹과 한국의 문명적 정체성』(2024)
- 자유민주연구원, 『한일관계와 동북아 안보 협력의 미래』
- 자유아시아방송(RFA), 『중국의 언론 검열과 한국 언론 침투 사례집』
- 전교조 교육활동 백서
- 전국언론노동조합 정책문서 및 민노총 언론 장악 논란 보도
- 전현준, 『한반도 안보 딜레마: 핵과 평화의 이중구조』, 시대의창(2023)
- 정경유착, 『NL과 PD의 이념투쟁』, 월간조선, 2004~2010 특집
- 정재민, 『보수의 재구성』(2021)
- 정치적 내로남불 구조 연구 논문
- 정해구, 『민주화 이후의 민주주의』, 후마니타스(2012)
- 조갑제, 『조갑제의 대한민국 근현대사』, 조갑제닷컴(2018)
- 조국 사태 관련 보도자료 및 검찰 수사 기록 요약

- 조지 오웰, 『1984』, 민음사
- 존 롤스, 『정의론』, 이현복 옮김, 이학사
- 중앙선관위 화웨이 기술협력 의혹 관련 감사요청서
- 청와대, "노무현 대통령 '북핵은 방어용' 발언 관련 공식문서"(2006)
- 크리스토퍼 래쉬, 『진보의 환상』, 문학동네(2019)
- 크리스토퍼 래쉬, 『진보의 환상』, 문학동네(2019)
- 통계청, 「북한의 경제·사회 동향」, KOSIS 국가통계포털(2023)
- 통계청, 『2024 인구동향조사: 출산율 및 가족구성 변화 분석』
- 통계청, 『대한민국 경제위기 연표와 성장지표 분석』
- 통계청, 『문재인 정부 vs 윤석열 정부 경제지표 비교 자료』
- 통계청, 『역대 정부 경제성장률 및 실업률 자료집』
- 통계청, 『역대 정부 리더십 시기 주요 국정 지표 변화』
- 통계청·기획재정부, 사회지표 요약 보고서
- 통일부 북한 자료센터, 북한 대남혁명전략 보고서
- 통일부, 『북한 이해』, 통일교육원(2021)
- 통일연구원, 『북한의 비대칭전력 및 핵무기 전략 분석』
- 통일연구원, 『북한의 정치사회 구조와 변화』
- 트럼프 2기 행정부 출범 관련 백악관 성명서 및 국정 아젠다 자료(2025.1)
- 프랑스·스웨덴·일본 정치 전환 관련 외신 보도 자료
- 프리드리히 하이에크, 『노예의 길 (The Road to Serfdom)』, 나무생각
- 프리드리히 하이에크, 『자유헌정론』, 『노예의 길』
- 하영선, 『한국 지식인의 두 얼굴』, 창비(1998)
- 한국개발연구원(KDI), 『최저임금 인상 영향 분석 보고서』
- 한국과학기술정보연구원(KISTI), 『사드 전자파 영향 분석 보고서』
- 한국국방연구원(KIDA), 『북한 핵·미사일 위협 평가와 한미일 안보 협력』
- 한국무역협회, 『대중 수출 의존도 및 공급망 분석 보고서』(2024)
- 한국문화예술위원회 심사 기준 및 수상작 분석 외.
- 한국보건사회연구원, 『가족 해체의 사회적 비용 분석』
- 한국보건사회연구원, 『복지 사각지대 실태와 개선방안』

- 한국은행, 『국민계정 통계 연보』
- 한국은행, 『전두환 정부 시기 경제정책 요약보고서』
- 한국은행, 『최저임금 인상에 따른 고용 및 자영업 충격 보고서』
- 한국정치학회, 『공정 담론의 좌·우 정치적 해석 비교』(2023)
- 한국정치학회, 『국가정체성의 해체와 자유민주주의의 위기』(2024)
- 한국정치학회, 『헌정질서와 자유민주주의의 위기』(2023)
- 한국학중앙연구원, 『한국 전통문화의 현대적 가치와 지속성』
- 한국행정연구원, 『능력중심 사회를 위한 제도 개선 보고서』
- 한나 아렌트, 『인간의 조건』, 한길사
- 한미연합사령부, 『한미 확장억제 정책협의회(EDSCG) 공동성명』(2023)
- 한중관계사 정리, KIEP · 동아시아연구원 보고서(2023~2024)
- 한홍구, 『대한민국사』, 한겨레출판(2005)
- 행정안전부, 『중앙부처 조직 개편 및 인사제도 개혁 방향 보고서』
- 헌법재판소, 「헌법재판소 재판관 후보자 인사청문자료」(2024)
- 헌법학회, 『사법부의 정치적 중립성과 법치주의 원칙』
- 홍콩 민주화 시위 국제보도 자료, BBC · NYT · 워싱턴포스트
- Amnesty International, "The Human Rights Situation in North Korea"(2023)
- Daron Acemoglu & James A. Robinson, Why Nations Fail: The Origins of Power, Prosperity, and Poverty, Crown Business(2012). (애쓰모글루 · 로빈슨 공저, 『국가는 왜 실패하는가』, 시공사(2013))
- EBS 다큐, 『진보와 보수의 언어전쟁』(2022)
- EBS, KBS, 교과서 관련 역사 왜곡 논란 보도자료
- Edmund Burke, 『Reflections on the Revolution in France』(프랑스 혁명에 대한 성찰)(1790)
- Friedrich Hayek, 『The Road to Serfdom』 (노예의 길)(1944)
- KDI, 『국가 위기관리와 대통령 리더십』 연구보고서
- KIEP, 『대중국 경제 의존도 및 공급망 취약성 보고서』
- KIEP, 『한중 경제관계 구조와 탈중국 전략』
- OECD Social Expenditure Database(2015~2023)
- Russell Kirk, 『The Conservative Mind』(1953)